掌尚文化

SALUTE & DISCOVERY
致敬与发现

BANKS
DEVELOPMENT
REGULATORY

茆训诚　杨宝华　等／著

商业银行结构性产品的
市场发展与监管趋势的适应性研究

A Study on Market Development and Regulatory Adaptability of
Structured Products Issued by Commercial Banks

经济管理出版社
ECONOMY & MANAGEMENT PUBLISHING HOUSE

图书在版编目（CIP）数据

商业银行结构性产品的市场发展与监管趋势的适应性研究 / 茆训诚等著 . —北京：经理管理出版社，2020.11
ISBN 978-7-5096-7621-9

Ⅰ . ① 商 ⋯　Ⅱ . ① 茆 ⋯　Ⅲ . ① 商 业 银 行 — 结 构 性 金 融 产 品 — 研 究
Ⅳ . ① F830.95

中国版本图书馆 CIP 数据核字（2020）第 237220 号

组稿编辑：宋　娜
责任编辑：张　昕　张玉珠
责任印刷：黄章平
责任校对：陈晓霞

出版发行：经济管理出版社
　　　　　（北京市海淀区北蜂窝 8 号中雅大厦 A 座 11 层　100038）
网　　　址：www.E-mp.com.cn
电　　　话：（010）51915602
印　　　刷：唐山昊达印刷有限公司
经　　　销：新华书店
开　　　本：720mm×1000mm/16
印　　　张：9
字　　　数：113 千字
版　　　次：2020 年 12 月第 1 版　2020 年 12 月第 1 次印刷
书　　　号：ISBN 978-7-5096-7621-9
定　　　价：98.00 元

序　言

2018 年 4 月 27 日，中国人民银行、中国银行保险监督管理委员会、中国证券监督管理委员会和国家外汇管理局联合发布《关于规范金融机构资产管理业务的指导意见》；2018 年 9 月 28 日，中国银保监会发布《商业银行理财业务监督管理办法》，商业银行理财业务开始走向转型发展之路，在 2020 年过渡期结束前，必须实现从现行监管框架向新的监管框架的转变。

商业银行的结构性产品是一类产品特征和收益结构较为复杂的金融产品，其到期收益通过固定收益工具与各类衍生金融工具组合而成。根据监管新规的要求，原有的结构性产品将分化为两类：保本的结构性产品转变为结构性存款，非保本的结构性产品则是名副其实的结构性理财产品。

然而，由于目前仍处在监管新规的过渡期内，监管细则仍不完备，各家银行在结构性产品的市场销售和管理中做法各异。为刻画商业银行结构性产品市场的发展和变化，评估监管新规对商业银行结构性产品发行人和金融消费者的影响，尤其是分析商业银行对监管趋势的适应性与执行力，上海市消费者权益保护委员会、上海市银行同业公会联合委托上海师范大学商学院开展了此次调研活动。

历经一年多的产品信息采集、代表性银行访谈、金融消费者调研与专家论证等环节，上海师范大学商学院课题组最终获得了28家商业银行7760只结构性产品较为系统的信息，听取了近30位来自代表性银行的资产管理部、财富管理部、金融市场部、私人银行部等业界专业人士对结构性产品的介绍与分析，征集到549位金融消费者对结构性产品的意见与建议。

根据合作协议规定，本书不披露结构性产品发行人的具体名称，仅以字母A、B与数字组合代替。其中，A代表中资银行，B代表外资银行。

本书综合各方信息研究发现，相较于前期研究，当前商业银行结构性产品市场发展的积极方面在于收益区间收窄、收益率实现程度提高、商业银行结构性产品的主要挂钩标的与金融消费者认知一致。但在新规适应性方面，还存在商业银行结构性存款与商业银行结构性理财的分类差异较大、大量保本型结构性产品向结构性存款的转变有待完成、较少银行披露了交易对手信息、较少银行实施了产品压力测试等问题。本书据此提出了明确对结构性存款的具体管理要求、增强结构性产品的估值能力、加强结构性产品的投资者适当性管理等有针对性的意见和建议。

本书是2017年出版的《上海市场商业银行结构性理财产品发展报告》的姊妹篇，《上海市场商业银行结构性理财产品发展报告》的部分成果形成了广泛的社会影响，包括《人民日报》、新华网、《解放日报》、《文汇报》和上海电视台等在内的近30家媒体对其进行了报道。本书以监管新规发布实施为契机，从商业银行结构性产品的自身特性、发行银行和金融消费者等多个视角全面展现和揭示商业银行结构性产品的市场发展与变化、商业银行的新规适应性和执行力，以期为政府部门提供决策参考，为银行同业提供市场发展的坐标。

本书由茆训诚、杨宝华、赵海、陶爱莲、马俊、唐健盛、姚亚伟、敬志勇、林燕等组成课题组，共同讨论和商议。本书第二章商业银行结构性产品的发行主体评价、第三章面向普通客户发行的结构性产品的调查研究、第四章面向私人银行客户发行的结构性产品的调查研究和第五章代表性结构性产品发行银行的访谈分别由姚亚伟、杨宝华、敬志勇和林燕撰写，其余章节由杨宝华根据课题全体参与者的意见和建议汇总而成。上海师范大学 2017 级金融专硕王裕康、郑蓉参与了银行访谈、资料整理与数据分析工作，本科生商秧、关皓楠、吴新雨、戴汉奇等参与了数据搜集和金融消费者调研工作。

目　录

第一章　引言

第一节　研究背景

　　在金融创新和金融机构竞争加剧的趋势背景下，我国金融体系中存在着同类资产管理业务的监管规则和标准不一致、部分业务发展不规范、监管套利、监管盲区、产品多层嵌套及刚性兑付等问题。这一系列问题使得我国金融体系中的风险呈现隐蔽性和不断积累升级的可能性，坚守不发生系统性风险的底线已成为我国金融工作的重中之重。为规范金融机构的资产管理业务、统一同类资产管理产品的监管标准、有效防范和控制金融风险、引导社会资金流向实体经济，同时更好地支持经济结构的调整和转型升级，2018 年 4 月 27 日，中国人民银行、中国银行保险监督管理委员会、中国证券监督管理委员会和国家外汇管理局联合发布《关于规范金融机构资产管理业务的指导意见》（以下简称《资管新规》）。随后在 2018 年 7 月 20 日，中国人民银行发布《关于进一步明确规范金融机构资产管理业务指导意见有关事项的通知》并进行了说明。同日，中国银保监会发布《商业银行理财业务监督管理办法（征求意见稿）》并公开征求意见。2018 年 9 月 28 日，中国银保监会发布《商业银行理财业务监督管理办法》（以下简称《理财新规》），《理财新规》正式稿落地后，银行理财业务开始走向转型发展之路。《理财新规》在"破刚兑、去通道化、去资金池化"的三大核心原则上与此前的监管要求保持一致。

作为商业银行主要的表外业务，在金融去杠杆和严监管的背景下，银行理财的问题在《资管新规》和《理财新规》生效后，必将在 2020 年过渡期结束前，实现从现行监管框架向新的监管框架的转变，如表 1-1 所示。

由表 1-1 可知，《资管新规》和《理财新规》针对商业银行理财业务的开展实行更为严格约束的框架体系。明确理财产品须打破刚兑，实现净值化管理，强化穿透式管理以消除多层嵌套；通过计提操作风险资本降低操作风险；通过集中度管理、非标投资约束、杠杆约束和负面清单等降低市场风险；通过对产品期限和组合中流动性资产比例的限制及投资非标资产、非上市股权的期限匹配来强化流动性风险管理；要求强化信息披露、强化理财产品的压力测试制度并对公募产品至少每季度进行 1 次压力测试以加强投资者利益的保护。整体而言，《资管新规》和《理财新规》提高了商业银行理财业务管理的监管要求，商业银行将面临着理财业务转型的阵痛，但这也是规范我国商业银行专业化理财产品市场的必由之路，有助于我国商业银行理财产品市场的健康发展。

按照我国现行的商业银行理财产品的管理框架，依据是否挂钩衍生产品，银行理财产品可分为结构性理财产品和非结构性理财产品。本书主要研究对象为结构性理财产品，是指理财产品全部或部分本金投资于存款和国债等固定收益类资产，同时以不高于以上投资的预期收益和剩余本金投资于衍生产品，并以投资交易的收益为限向客户兑付理财产品收益的理财产品。

《理财新规》出台前，按照本金是否有保障，结构性理财产品可进一步分为保本型结构性理财和非保本型结构性理财。但根据《理财新规》第三条规定，即理财产品是指商业银行按照约定条件和实际投资收益情况向投资者支付收益、不保证本金支付和收益

表 1-1 商业银行个人理财现行框架与《资管新规》和《理财新规》的对比分析

内容	个人理财现行框架	《资管新规》	《理财新规》
定义	个人理财业务是指商业银行为个人客户提供的财务规划、财务分析、投资顾问和资产管理等专业化服务活动	资产管理业务是指商业银行等金融机构接受投资者委托,对受托的投资者财产进行投资和管理的金融服务;资产管理产品包括但不限于银行非保本理财产品等	理财业务是指商业银行接受投资者委托,按照与投资者事先约定的投资策略、风险承担和收益分配方式,对受托的投资者财产进行投资和管理的金融服务;理财产品是指商业银行按照约定条件和实际投资收益情况向投资者支付收益、不保证本金支付和收益水平的非保本型理财产品
监管原则	—	实行穿透式监管,对于多层嵌套资产管理产品,向上识别产品的最终投资者,向下识别产品的底层资产(公募投资基金除外)	银行业监督管理机构应当对理财业务实行穿透式监管,向上识别理财产品的最终投资者,向下识别理财产品的底层资产,并对理财产品运作管理实行全面动态监管
产品分类	保证收益理财计划和非保证收益理财计划	①公募产品和私募产品 ②固收类、权益类、商品及金融衍生品类、混合类产品	①公募理财产品和私募理财产品 ②固收类、权益类、商品及金融衍生品类、混合类理财产品 ③封闭式理财产品和开放式理财产品
投资者分类	一般个人、高净值、私人银行	①不特定社会公众 ②合格投资者	①不特定社会公众 ②合格投资者
集中统一管理	银行总行应该设立专门的理财业务经营部门开展理财业务	主营业务不包括资产管理业务的应该设立子公司开展资管业务;暂不具备条件的,可以设立专门的资产管理业务经营部门	银行应该通过子公司开展理财业务;暂不具备条件的,银行总行应该设立理财业务专营部门

续表

内容	个人理财现行框架	《资管新规》	《理财新规》
估值核算	—	坚持公允价值计量，鼓励市值计量。符合一定条件的可以使用摊余成本法	银行开展理财业务，应该按照《企业会计准则》和有关于规范金融机构资产管理业务的《指导意见》等关于金融工具估值核算的相关规定，确认和计量理财产品的净值
操作风险资本	—	金融机构应该按照资产管理产品管理费收入的10%计提风险准备金，或者按照规定计量操作风险资本或相应风险资本准备	银行开展理财业务，应该按照《商业银行资本管理办法（试行）》的相关规定计提操作风险资本
销售起点	产品风险评级 ①一级、二级≥5万元 ②三级、四级≥10万元 ③五级≥20万元	私募理财 ①单只固收类产品≥30万元 ②单只混合类产品≥40万元 ③单只权益类、商品及金融衍生品类产品≥100万元	①公募理财：不低于1万元 ②私募理财：单只固收类产品≥30万元 ③单只混合类产品≥40万元 ④单只权益类、商品及金融衍生品类产品≥100万元
销售渠道	①直销 ②代理销售其他金融机构产品须符合相关规定	非金融机构不得发行、销售资产管理产品，国家另有规定的除外	银行只能通过本行渠道（含营业网点和电子渠道）销售理财产品，或通过其他吸收公众存款的银行业金融机构代理销售理财产品

续表

内容	个人理财现行框架	《资管新规》	《理财新规》
负面清单	面向一般个人的：①不得投资于境内二级市场公开交易的股票或与其相关的证券投资基金。参与新股申购，应符合相关监管规定 ②不得投资于未上市企业股权和上市公司非公开发行或交易的股份	①金融机构不得将资产管理产品资金直接投资于商业银行信贷资产。资产管理产品投资于信贷资产受（收）益权的投资，应由金融管理部门另行制定管理规定 ②资产管理产品不得直接或间接投资法律法规和国家政策禁止投资的行业和领域	①不得直接投资于信贷资产 ②不得直接投资或间接投资于本行信贷资产及其受（收）益权 ③不得直接投资或间接投资于本行或其他银行业金融机构发行的理财产品 ④不得直接投资或间接投资于本行或其他银行发行的次级档信贷资产支持证券 ⑤面向非机构投资者的不得直接投资或间接投资于不良资产、不良资产支持证券及其收益权 ⑥不得投资于未经金融监督管理部门许可设立、不持有金融牌照的机构发行的产品或管理的资产
非标投资	①比照自营贷款管理 ②总量比例为5%和4%	投资非标应该遵守监管部门制定的有关限额等监管标准	①比照自营贷款管理 ②总量比例限制为35%和4% ③集中度限制为10%
嵌套	—	只能嵌套一层资产管理产品（公募基金除外）	只能嵌套一层资产管理产品（公募基金除外）

续表

内容	个人理财现行框架	《资管新规》	《理财新规》
杠杆	—	①公募产品和开放式私募产品不得进行份额分级 ②每只开放式公募产品的总资产不得超过净资产的140%,每只封闭式公募产品、每只私募产品的总资产不得超过净资产的200%	①不得发行分级理财产品 ②每只开放式公募理财产品的杠杆水平不得超过140% ③每只封闭式公募理财产品、每只私募理财产品的杠杆水平不得超过200%
集中度管理	—	①10%+30%+30%* ②同一金融机构全部开放式公募资产管理理财产品投资单一上市公司发行的股票不得超过该上市公司可流通股票的15%	①每只公募理财产品持有单只证券或单只公募证券投资基金的市值不得超过该理财产品净资产的10% ②商业银行全部公募理财产品持有单只证券或单只公募证券投资基金的市值或该证券市值,不得超过该证券市值或该公募证券投资基金市值的30% ③商业银行全部理财产品持有单一上市公司发行的股票,不得超过该上市公司可流通股票的30%
流动性风险管理	—	封闭式理财产品期限不得低于90天	①封闭式理财产品期限不得低于90天 ②开放式公募理财产品应持有不低于该产品资产净值5%的现金或到期日在一年以内的国债、中央银行票据和政策性金融债 ③加强对开放式公募理财产品的认购和赎回环节的管理

续表

内容	个人理财现行框架	《资管新规》	《理财新规》
期限匹配	—	①直接或间接投资于非标的，必须期限匹配 ②直接或间接投资未上市企业股权及其受（收）益权的，应当为封闭式理财产品，退出日不得晚于封闭式理财产品的到期日	①直接或间接投资于非标的，必须期限匹配 ②直接或间接投资于未上市企业股权及其受（收）益权的，应当为封闭式理财产品，退出日不得晚于封闭式理财产品的到期日
压力测试	—	—	①建立健全理财产品压力测试制度； ②针对每只公募理财产品，压力测试应当至少每季度进行一次
委外投顾	—	①公募委外投顾需是金融机构，私募委外投顾可以是私募基金 ②可以聘请具有专业资质的受监管部门监管的机构作投顾	理财投资合作机构必须是金融机构或国务院银行业监督管理机构认可的其他机构
信息披露	应该按照销售文件约定进行信息披露，未达到预期收益的，应当详细披露相关信息	开放式产品按照开放频率披露，封闭式产品至少每周披露一次	①公募开放式：开放日结束后的（T+2）日内 ②公募封闭式：至少每周披露一次 ③公募理财：每月向投资者提供产品账单 ④私募理财：至少每季度披露一次

注：* 的含义如下：单只公募资产管理产品投资单只证券或者单只证券投资基金的市值不得超过该资产管理产品净资产的10%；同一金融机构全部公募资产管理产品投资单只证券或者单只证券投资基金的市值不得超过该证券市值或者证券投资基金市值的30%；同一金融机构全部发行的股票不得超过上市公司可流通股票的30%。资产管理产品投资单一上市公司发行的股票不得超过该上市公司可流通股票的30%。

水平的非保本理财产品。这就意味着理财产品的范围缩小，未来只有非保本型结构性理财产品才是真正意义上的结构性理财产品，并受《理财新规》的约束和管理。而保本型结构性理财被明确为表内业务，应按照结构性存款进行管理，需缴纳存款准备金和存款保险保费，并计提资本和拨备。

为避免各种不同表述带来的概念混淆，本书将商业银行现行的所有投资收益与衍生品挂钩的产品统称为"结构性产品"，在此基础上，进一步分类为保本型结构性产品和非保本型结构性产品，或者结构性存款和结构性理财等[①]。

正是由于监管环境的变化，结构性产品的市场发展也随之出现了跌宕起伏，尤其是结构性存款作为保本理财产品的替代品，在《资管新规》出台后、《理财新规》出台前受到了多家银行的热捧，发行量大增，《理财新规》出台后，则受制于各项发行条件，其发行量又出现了萎缩的趋势。

为刻画商业银行结构性产品市场的发展和变化，评估金融风险管控的各项新规对商业银行和金融消费者的影响，尤其是商业银行对监管趋势的主动适应性与执行力，上海市消费者权益保护委员会、上海市银行同业公会和上海师范大学联合开展了此次调研活动。

第二节　研究方法

本书主要采用专家论证和市场调研的方法。

在进行市场调研之前，课题组组织召开了专家论证会，就结

---

①　本项目调研期间尚处于《理财新规》的过渡期内，各家银行保本型结构性理财产品尚未完全实现向结构性存款的转变。

构性产品的评价指标体系专门咨询了监管部门、市场协调部门、银行等专业人员和金融学界学者们的意见，以提高结构性产品评价体系的科学性和合理性。

市场调研环节包括对结构性产品信息的调研、对代表性银行的访谈和对结构性产品的金融消费者调研三项内容。

对结构性产品信息的调研采用商业银行自行填报产品信息采集表和课题组运用 Python 等软件对结构性产品销售文件进行文本挖掘两种方式，两种方式互为补充并交叉验证。根据发行对象的不同，结构性产品分为面向普通客户的结构性产品和面向私人银行客户的结构性产品[①]。课题组根据研究范围和产品信息的质量对收集到的 14000 余只结构性产品进行了筛选，最终入选的样本为 2017 年 7 月 1 日至 2018 年 6 月 30 日发行或到期的上海市场 28 家商业银行自行设计，面向个人客户销售的 7760 只结构性产品。

对代表性银行的访谈通过课题组在相关商业银行的办公地点对来自资产管理部、金融市场部和相关业务部门等的专业人员进行现场访谈完成。课题组自 2018 年 6 月至 2018 年 11 月对 9 家具有代表性的结构性产品发行银行进行了实地访谈。

对结构性产品的金融消费者的调研由课题组设计调研问卷，由具有代表性的商业银行对其投资者进行调研。本课题组在上海市消费者权益保护委员会的倡议和上海市银行同业公会的协助下，通过 16 家商业银行对金融消费者关于结构性产品进行了问卷调研，调研回收有效问卷共计 549 份。

---

① 根据本书的研究范围，面向机构客户和高净值客户发行的结构性产品不在本研究之列。

第三节　研究对象与范围

本书的研究对象是商业银行发行的结构性产品，主要从结构性产品发行人的综合实力、结构性产品的基本属性和金融消费者的认知三个角度进行研究。

结构性产品发行人的样本范围包括 2017 年 7 月 1 日至 2018 年 6 月 30 日在上海市场发行结构性产品的 28 家银行，其中中资银行和外资银行各 14 家。本书按照全样本研究的计划，从信用评级、综合经营、理财经验、交易资格和交易对手五个方面对结构性产品的发行主体进行评价。

结构性产品的研究范围是 2017 年 7 月 1 日至 2018 年 6 月 30 日发行或到期的上海市场 28 家商业银行设计和销售的 7760 只结构性产品。其中，面向普通客户发行的产品 7326 只，占全部样本的 94%[①]；仅向私人银行客户发行的产品 434 只，占比为 6%（见图 1-1）。从募集的币种来看，人民币产品占主导，共 7131 只，占比达 92%；外币的结构性产品仅为 629 只，占比为 8%（见图 1-2），其主要为外资银行发行。

金融消费者的研究范围是发放调研问卷的 16 家代表性银行在其本行客户中随机选择的 549 人，其中 70% 的被调查者具有购买结构性产品的经历，如图 1-3 所示。

---

① 面向普通客户发行的结构性产品中有少量产品同时面向私人银行客户发行，根据其产品特性，本书将其归类为面向普通客户发行的结构性产品。

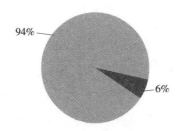

■面向普通客户发行的结构性产品占比 ■面向私人银行客户发行的结构性产品占比

图 1-1 结构性产品的销售对象占比情况

资料来源：由课题组根据调研数据整理而得。

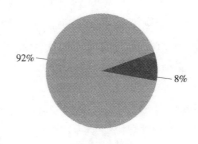

■本币 ■外币

图 1-2 结构性产品的募集币种占比情况

资料来源：由课题组根据调研数据整理而得。

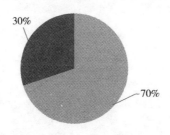

■购买过结构性产品 ■没有购买过结构性产品

图 1-3 被调研的金融消费者结构性产品的购买经历

资料来源：由课题组根据调研数据整理而得。

第四节 研究目标

　　本书运用一系列指标对 2017 年下半年至 2018 年上半年发行或到期的商业银行结构性产品进行综合评价。刻画商业银行结构性产品的市场发展和变化情况，评估《关于规范金融机构资产管理业务的指导意见》和《商业银行理财业务监督管理办法》等各项新规对商业银行和金融消费者的影响，尤其是商业银行对监管新规的主动适应性与执行力。同时，期望能够为政府部门提供决策参考，为银行同业提供市场发展的坐标。

第二章 商业银行结构性产品的发行主体评价

  商业银行结构性产品是一种隐含衍生金融产品投资的金融产品，发行机构可针对不同风险偏好和风险承受能力的投资者，利用金融工程技术将不同类型的固定收益证券和金融衍生合约进行组合，从而设计出有差异的风险、收益匹配的结构性产品，这也意味着结构性产品的收益和风险取决于固定收益证券和衍生合约的市场表现。就其本质而言，结构性产品的潜在挂钩标的是无限的，潜在的收益设计也是无限的，发行机构创造产品的空间也是无限的。由于我国商业银行发行的结构性产品仅有一级市场，同时结构性产品还可能依据客户需求量身定做成非标准化的产品，这些都增加了管理的风险。一方面，相对于商业银行的普通理财产品，结构性产品是高风险与高收益并存的产品。另一方面，结构性产品的设计和投资对于发行主体的投资研发和创新能力也有较大的挑战。因此，针对结构性产品的发行和管理，我们需要从商业银行自身的信用评级、综合经营、理财经验、衍生品交易资格和衍生品交易对手信息的披露情况等方面对结构性产品的发行主体进行评价。

第一节 信用评级

对商业银行进行信用评级是对一家银行当前偿付其金融债务的总体金融能力的评价，它对存款人和投资者评估风险报酬、优化投资结构和规避投资风险，对商业银行拓宽筹资渠道、稳定资金来源和降低筹资费用，对监管当局提高监管效率、削弱金融市场上的信息不对称、降低市场运行的波动性，都具有非常重要的意义。本书选取的商业银行信用评级结构源于中国证券监督管理委员会和中国银行间市场交易商协会均认同的信用评级公司的最新评级，由于商业银行发行理财产品时不需要披露发行主体的信用评级，因此本书的信用评级结果依据以下方法获得：如果样本银行发行过金融债，则以其发行金融债时的发行主体的信用评级作为提取结果；若未发行过金融债，则以其银行间市场发行同业存单时的发行主体的信用评级作为提取结果。统计结果如表2-1所示。

表2-1 不同商业银行的信用评级结果

序号	发行银行	信用评级	评级机构	评级依据
1	A01	AAA	中诚信国际	金融债
2	A02	AAA	中诚信国际	金融债
3	A03	AAA	联合资信	金融债
4	A04	AAA	上海新世纪	金融债
5	A05	AAA	上海新世纪	金融债
6	A06	AAA	东方金诚	金融债
7	A07	AAA	中诚信国际	金融债
8	A08	AAA	中诚信国际	金融债

序号	发行银行	信用评级	评级机构	评级依据
9	A09	AAA	上海新世纪	金融债
10	A10	AAA	联合资信	金融债
11	A11	AAA	上海新世纪	金融债
12	A12	AAA	联合资信	金融债
13	A13	AAA	东方金诚	金融债
14	A14	AAA	大公国际	金融债
15	B01	AAA	中诚信国际	金融债
16	B02	AAA	中诚信国际	同业存单
17	B03	AAA	中诚信国际	同业存单
18	B04	—	—	—
19	B05	AA+	中诚信国际	同业存单
20	B06	AAA	中诚信国际	同业存单
21	B07	—	—	—
22	B08	AAA	中诚信国际	同业存单
23	B09	AAA	中诚信国际	金融债
24	B10	AAA	中诚信国际	金融债
25	B11	—	—	—
26	B12	—	—	—
27	B13	AAA	中诚信国际	金融债
28	B14	AAA	上海新世纪	金融债

　　注："中诚信国际"指"中诚信国际信用评级有限责任公司"；"联合资信"指"联合资信评估有限公司"；"上海新世纪"指"上海新世纪资信评估投资服务有限公司"；"东方金诚"指"东方金诚国际信用评估有限公司"；"大公国际"指"大公国际资信评估有限公司"。表中标"—"表示未能从发行金融债和同业存单等公开信息中找到相关的主体评级及评级机构数据。

　　资料来源：根据 Wind 数据库整理而得。

主体信用评级越高，主体开展金融活动和发行理财产品的市场认同度和投资者认同度就越高，有助于理财产品市场的良性发展。由表 2-1 可知，样本商业银行除 B05 为 AA+ 外，其余商业银行的信用评级结果均为 AAA，表明样本商业银行整体的信用评级较高，但也缺失了 B04、B07、B11 和 B12 的评级信息，不过根据国际惯例，除 B11、B12 的信用评级无法准确确定外，其余两家商业银行的评级应接近于 AAA。

在我国当前的信用评级市场上，上述评级机构受到了中国证券监督管理委员会、中国银行间市场交易商协会和国家发展改革委的广泛认可，具体内容如表 2-2 所示。

表 2-2　对不同评估公司发行不同债券的评级结果的认同情况

公司名称	认可机构		
	中国证券监督管理委员会	中国银行间市场交易商协会	国家发展改革委
大公国际资信评估有限公司	√	√	√
上海新世纪资信评估投资服务有限公司	√	√	√
东方金诚国际信用评估有限公司	√	√	√（仅企业债）
鹏元资信评估有限公司	√	—	√（仅企业债）
联合资信评估有限公司	—	√	√
中诚信国际信用评级有限责任公司	—	√	√
中诚信证券评估有限公司	√	—	—
联合信用评级有限公司	√	—	—
中债资信评估有限责任公司	—	√	—

资料来源：根据相关官网内容整理而得。

第二节　综合经营

综合经营反映了商业银行的综合管理能力和抗风险能力,商业银行可以利用集团内的金融资源,实现结构性理财产品组合投资的优化配置。在本书选取的样本商业银行中,有些是商业银行下属控股不同业务类型的子公司,也有的是商业银行需要依托母行的资源来进行整合。本书对不同商业银行综合经营情况的信息进行提取,依据商业银行的官网和年报中的关联企业来进行判断,没有找到相关数据的则以其母行的业务类型为主(这类主要是外资商业银行),不同商业银行的综合经营情况如表2-3所示。

表2-3　不同商业银行的综合经营情况

序号	发行银行	业务类型数量	备注
1	A01	4	基金、金融租赁、人寿保险、金融资产投资
2	A02	5	集团单位:证券、保险、金控、信托、云付
3	A03	—	—
4	A04	1	金融租赁
5	A05	5	基金、信托、金融租赁、人寿保险、国际控股
6	A06	3	金融租赁、基金、资产管理
7	A07	4	国际控股、基金、金融租赁、人寿保险
8	A08	7	集团单位:证券、基金、信托、资产管理、融资租赁、人寿保险、期货
9	A09	6	集团单位:信托、金融租赁、基金、国际控股、货币经纪、资产管理

续表

序号	发行银行	业务类型数量	备注
10	A10	—	—
11	A11	7	集团单位：信托、基金、消费金融、证券、金融租赁、期货、资产管理
12	A12	4	国际控股、租赁、信托、基金
13	A13	7	国际控股、证券、保险、投资、航空租赁、基金、消费金融
14	A14	6	附属控股公司：国际控股、金融租赁；集团单位：证券、信托、保险、资产管理
15	B01	3	资产管理、创业资金管理、保险
16	B02	2	保险、投资
17	B03	4	集团单位：投资银行、资产管理、财富管理、保险
18	B04	4	保险、融资租赁、证券服务、资产管理
19	B05	3	集团单位：财产保险、基金、证券
20	B06	6	集团单位：银业联合保险、投资管理、信托、期货、证券、资产管理（私人）
21	B07	3	集团单位：人寿保险/养老保险、资产管理、投资银行
22	B08	—	—
23	B09	—	—
24	B10	8	集团单位：资产管理、证券、信托、租赁、保险、投资管理、基金、期货
25	B11	—	—
26	B12	—	—

序号	发行银行	业务类型数量	备注
27	B13	—	—
28	B14	—	—

注：业务类型数量是指商业银行自身控股或其控股股东控股且与商业银行形成关联影响的如基金公司、信托公司、保险公司、资产管理公司、证券公司、租赁公司、期货公司和投资机构等金融机构业务的数量。以 A09 为例，其控股股东为 PA9，但 PA9 与 A9 有业务关联的包括信托、租赁、基金、资产管理、国际控股和货币经纪六类业务。表中标"—"表示依据公开信息，未查询到该商业银行或其控股集团及直接关联主体在大陆境内从事跨界综合经营的信息。

资料来源：各商业银行官方网站。

综合经营情况主要衡量商业银行理财产品管理的资源优势。由表 2-3 可知，在样本商业银行中，综合经营的现象比较明显，特别对于国内较大的金融控股集团，基本上形成了金融子领域的全覆盖，但一些外资商业银行的中国分行，目前经营相对比较保守，整体综合经营优势不明显，不过它们可以依托母行的优势，与母行进行衍生产品的对手方交易，在挂钩美元资产、汇率和原油期货等结构性产品方面具有管理优势。对于国内的某些商业银行而言，如 A03 和 A10 基本上属于单一经营，A04 在综合经营方面也略显不足，这对于其管理结构性产品具有一定的挑战。

第三节　理财经验

根据发行人发行理财产品的数量和管理期限，可以从侧面反映商业银行的管理经验及可依赖的客户群体。本书主要依据 Wind 数据库，对自 2004 年以来所有商业银行发行的理财产品进行分析，表 2-4 为样本商业银行发行首单理财产品至今的累计数量和管理年限。

表 2-4　商业银行发行累计理财产品数量统计及管理时间统计

序号	发行银行	发行数量（只）	首只产品发行时间	管理年限（年）
1	A01	15333	2004-03-19	14
2	A02	5272	2007-02-12	11
3	A03	773	2004-03-03	14
4	A04	335	2004-12-11	13
5	A05	52465	2007-11-19	10
6	A06	1619	2005-04-18	13
7	A07	14674	2004-08-24	14
8	A08	16642	2005-04-13	13
9	A09	539	2005-01-27	13
10	A10	1955	2005-10-13	12
11	A11	10938	2004-12-08	13
12	A12	18994	2006-05-29	12
13	A13	36347	2006-01-17	12
14	A14	7630	2004-12-31	13
15	B01	309	2010-08-16	8
16	B02	1545	2005-03-30	13
17	B03	—	—	
18	B04	262	2009-02-09	9
19	B05	5619	2009-01-24	9
20	B06	1676	2005-05-25	13
21	B07	662	2009-07-31	9
22	B08	1036	2010-11-09	7
23	B09	1862	2009-11-02	8
24	B10	3053	2009-09-18	9
25	B11	—	—	
26	B12	2	2018-03-28	0
27	B13	775	2008-07-18	10
28	B14	615	2005-08-15	13

注：本表相关累计数据的截止时间为 2018 年 10 月。"—"表示未查询到相关信息。
资料来源：根据 Wind 数据库相关资料整理而得。

发行人管理理财产品的数量越多和年限越长，表明其理财产品管理的经验越丰富。由表 2-4 可知，除 B03 和 B11 未查询到相关数据、B12 发行理财产品的数量较少外，大部分样本商业银行管理的理财产品的数量较多。从整体看，大部分样本商业银行管理理财产品的期限在 10 年以上，中资银行整体的优势强于外资银行，这表明我国商业银行理财产品市场的发展前景巨大。

第四节　衍生品交易资格

《理财新规》第十一条规定，商业银行发行投资衍生产品的理财产品，应该具有衍生产品交易的资格。中国人民银行批准的衍生品交易资格分为基础类和普通类，基础类只能从事套期保值，而普通类则可以从事套期保值、投机和投资操作。表 2-5 为中国人民银行总行或分行批准的已获取衍生品交易资格的商业银行信息。

表 2-5　获批衍生品交易资格的商业银行信息

序号	银行名称	获批衍生品交易资格的银行信息
1	A01	A01
2	A02	A02
3	A03	A03
4	A04	A04
5	A05	A05
6	A06	A06
7	A07	A07
8	A08	A08
9	A09	A09
10	A10	—
11	A11	A11

续表

序号	银行名称	获批衍生品交易资格的银行信息
12	A12	A12
13	A13	A13
14	A14	A14
15	B01	B01 上海分行
16	B02	—
17	B03	B03 上海分行、B03 北京分行
18	B04	B04 广州分行
19	B05	B05
20	B06	B06
21	B07	B07
22	B08	B08
23	B09	B09
24	B10	B10
25	B11	B11 北京分行
26	B12	B12
27	B13	B13
28	B14	B14

注:"—"表示无法获得该信息。

资料来源: 根据中国人民银行网站相关信息整理而得。

由表 2-5 可知, 大部分商业银行都获得了衍生品交易的资格, 本书没能从中国人民银行网站获得 A10 和 B02 是否具有衍生品交易资格的信息, B11 只有北京分行获得了衍生品交易的资格。

为进行信息的交叉验证, 课题组也请了 28 家商业银行自行提交其衍生品交易资格获取的情况, 截至本书完成时, 28 家商业银行中有 24 家给予了信息反馈, 表示其具有衍生品交易的资格, A10、B02、B11 和 B13 未反馈信息。

如果确实不具备衍生品交易的资格, 上述商业银行将无法发行新的结构性产品, 未来将无法开展任何有关结构性产品的业务。

第五节　衍生品交易对手信息的披露情况

　　结构性产品的特征之一是投资收益通过衍生品与标的资产挂钩，结构性产品的发行人需要向交易对手购买期权，进行掉期等交易。因此，交易对手的信用风险是结构性产品投资者可能面临的主要风险之一。根据本书的数据，28家商业银行中仅有9家在信息采集表中披露了交易对手的情况，其中外资银行有8家，分别是 B01、B02、B05、B07、B08、B10、B12 和 B13；中资银行1家，为 A11。其他银行没有在产品说明书中对交易对手信息进行披露，具体内容如表 2-6 所示。

表 2-6　衍生品交易对手信息披露的情况

序号	银行名称	是否披露衍生品交易对手信息
1	A01	×
2	A02	×
3	A03	×
4	A04	×
5	A05	×
6	A06	×
7	A07	×
8	A08	×
9	A09	×
10	A10	×
11	A11	√
12	A12	×
13	A13	×
14	A14	×
15	B01	√
16	B02	√

序号	银行名称	是否披露衍生品交易对手信息
17	B03	×
18	B04	×
19	B05	√
20	B06	×
21	B07	√
22	B08	√
23	B09	×
24	B10	√
25	B11	×
26	B12	√
27	B13	√
28	B14	×

注:"×"表示商业银行没有披露衍生品交易对手信息;"√"表示商业银行披露了衍生品交易对手信息。

资料来源:根据调研数据整理而得。

第三章　面向普通客户发行的结构性产品的调查研究

第一节　调研结果

一、结构性产品的发行银行

　　面向普通客户发行结构性产品的银行共 25 家[①]，其中中资银行 14 家，外资银行 11 家（见图 3-1）。产品总数 7326 只，其中中资银行发行产品的数量为 4481 只，外资银行发行产品的数量为 2845 只（见图 3-2）。从各家银行具体产品发行的数量来看，在为期一年的

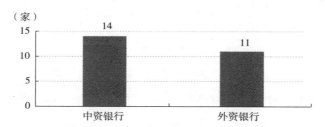

图 3-1　面向普通客户发行结构性产品的银行构成

资料来源：根据调研数据整理而得。

_____

　　① B03、B04、B11 都只面向私人银行发行产品。

考察期内，在 25 家调研对象中，结构性产品发行的数量超过 600 只的银行共 6 家，产品数量从高到低依次为 B06、B09、A10、A07、B02 和 A06，如图 3-3 所示。

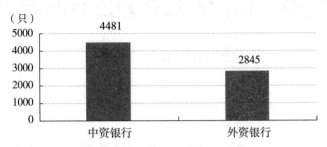

图 3-2　中外资银行面向普通客户发行结构性产品的数量

资料来源：根据调研数据整理而得。

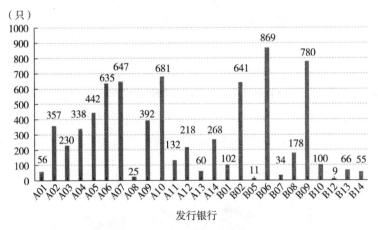

图 3-3　各家银行面向普通客户发行结构性产品的数量

资料来源：根据调研数据整理而得。

二、结构性产品的月度发行数量

从 2017 年 7 月到 2018 年 6 月 30 日，商业银行结构性产品的月度发行数量如图 3-4 所示。从中可以看出，2017 年末和 2018 年初，结构性产品发行的数量较为平稳，2018 年 2 月到 2018 年 5 月，结构性产品呈现大幅增长态势，从 2018 年 6 月开始，受到银行监管新规的影响，结构性产品发行的数量开始呈下降趋势。

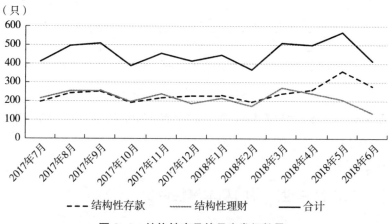

图 3-4　结构性产品的月度发行数量

资料来源：根据调研数据整理而得。

从结构性存款或结构性理财占当期发行产品总数的比例来看，自 2017 年 11 月开始，结构性存款占比开始上升，并在 2017 年 12 月超越结构性理财，此后一直保持领先优势，自 2018 年 4 月开始，结构性存款占比大幅攀升，结构性理财则呈现下降的趋势，如图 3-5 所示。

结构性存款发行数量和占比的变化充分反映了监管环境的变化对市场的影响。2017 年 11 月，《资管新规》（征求意见稿）出台，2018 年 4 月 27 日，《资管新规》正式稿发布。按照《资管新规》的规定，资产管理产品只能是非保本产品，因此，传统的商业银行保本理财产品将逐渐退出市场，但为了满足金融消费者保本投资的需求及留存客户，各家银行倾向于将结构性存款作为保本理财产品的替代品。

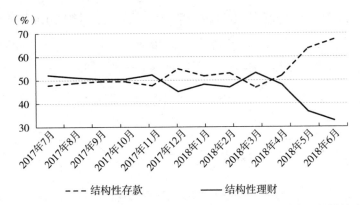

图 3-5 商业银行面向普通客户发行结构性存款与结构性理财发行数量的比例

资料来源：根据调研数据整理而得。

三、结构性产品的基本属性评价

（一）结构性产品的发行认购

根据本书构建的评价指标体系，结构性产品的发行认购评价主要从计划期限、募集期限、发行规模、认购起点及递增金额四个方面进行。

1. 计划期限

根据《商业银行理财业务监督管理办法》，商业银行发行的封闭式理财产品的期限不得低于 90 天，过渡期内（2020 年底前），商业银行新发行的理财产品应该符合管理办法规定；对于存量理财产品，商业银行可以发行老产品对接存量理财产品所投资的未到期资产，但应该严格控制在存量产品的整体规模内，并有序压缩递减。在图 3-6 中，投资期限在三个月以内的结构性产品合计占比为 36%，根据理财新规的要求，商业银行将对其中的结构性理财产品进行业务整改，期限在 90 天以下的产品将逐步减少，直至最终退出市场。

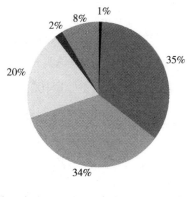

图 3-6　面向普通客户发行结构性产品的计划期限占比情况

资料来源：根据调研数据整理而得。

2. 募集期限

从结构性产品的募集期限（见图 3-7）来看，有 8% 的产品募集期在 3 天之内，有 60% 的产品募集期限在 3~7 天，募集期限超过 7 天的结构性产品约占总数的 1/3。虽然在结构性产品成立日前银行没有对投资者的募集资金进行划款，但资金用途已经锁定，产品募集期限越长，投资者的机会成本就越高。

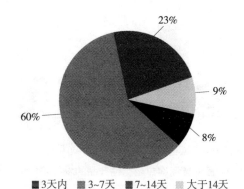

图 3-7　商业银行面向普通客户发行结构性产品的募集期限占比情况

资料来源：根据调研数据整理而得。

3. 发行规模

由图3–8和图3–9可以看出，人民币结构性产品的单只产品发行规模大都在10亿元之内，其中单只产品发行规模为5亿~10亿元的数量最多；美元结构性产品大于100亿美元规模的主要是外资银行发行的。

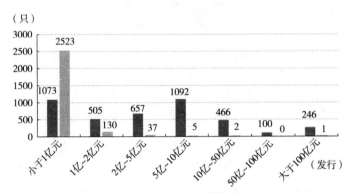

图 3–8　面向普通客户结构性产品的发行规模（人民币）

注：本书按实际披露数据统计，部分产品未披露发行规模，少量产品同时以人民币和外币发行。

资料来源：根据调研数据整理而得。

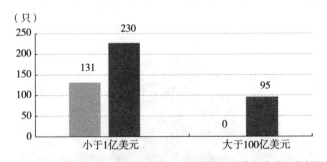

图 3–9　面向普通客户结构性产品的发行规模（美元）

资料来源：根据调研数据整理而得。

4. 认购起点及递增金额

从认购起点来看，中资银行面向普通客户发行的人民币结构性产品的认购起点金额大多是 5 万元（见图 3-10），美元产品大多是 8000 美元（见图 3-11）；外资银行面向普通投资者发行的人民币结构性产品的认购起点金额大多也是 5 万元，而美元结构性产品的认购起点金额大多是 1 万美元以上。

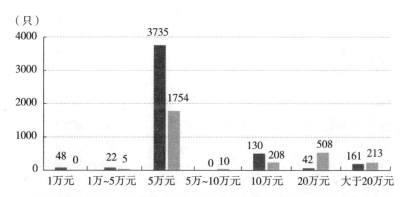

图 3-10 商业银行面向普通客户发行结构性产品的认购起点金额（人民币）

资料来源：根据调研数据整理而得。

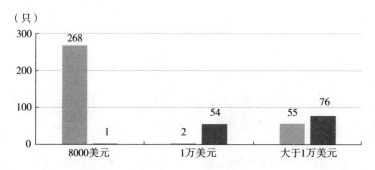

图 3-11 商业银行面向普通客户发行结构性产品的认购起点金额（美元）

资料来源：根据调研数据整理而得。

　　从递增金额来看，外资银行比中资银行要求高。中资银行面向普通客户发行的人民币结构性产品的递增金额大多是 1000 元，而外资银行发行的人民币结构性产品的递增金额大多为 1 万元（见图 3-12）。中资银行发行的美元结构性产品递增金额大多为 1000 美元或 2000 美元，而外资银行则多要求 1000 美元或 1 万美元的递增金额，如图 3-13 所示。

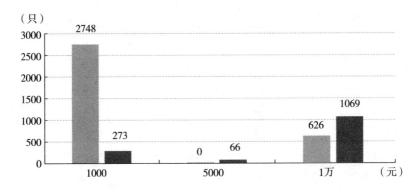

图 3-12　商业银行面向普通客户发行结构性产品的递增金额（人民币）

资料来源：根据调研数据整理而得。

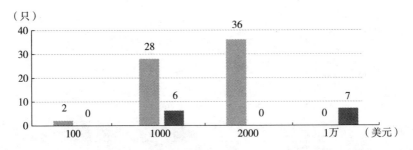

图 3-13　商业银行面向普通客户发行结构性产品的递增金额（美元）

资料来源：根据调研数据整理而得。

（二）结构性产品的产品属性风险

1. 内部风险评级

根据商业银行的内部划分标准，面向普通客户发行的大多数结构性产品的风险等级为一级风险和二级风险，风险水平较低。相对而言，外资银行面向普通客户发行的结构性产品的风险等级比中资银行更高一些。在风险等级为三级的结构性产品中，中资银行的产品只有 1 只，但外资银行的产品有 491 只，除此之外，风险等级为四级的 15 只结构性产品全部为外资银行发行，如图3-14 所示。

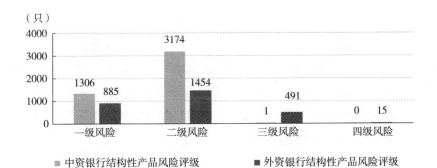

图3-14　商业银行面向普通客户发行的结构性产品的风险等级

资料来源：根据调研数据整理而得。

2. 产品收益类型

大多数产品为保本浮动收益型的产品，占总体的 57%，其次是非保本浮动收益型和保证收益型，占比分别为 27% 和 16%（见图3-15），中外资银行各种产品收益类型构成较为一致，均是保本浮动收益型产品数量最多，非保本浮动收益型居中，保证收益型最少（见图 3-16）。

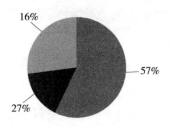

图 3-15　商业银行面向普通客户发行结构性产品的收益类型占比情况

资料来源: 根据调研数据整理而得。

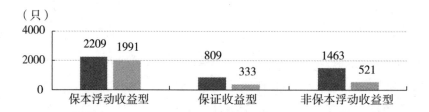

图 3-16　中外资商业银行面向普通客户发行结构性产品的收益类型比较

资料来源: 根据调研数据整理而得。

3. 挂钩标的

调研数据表明, 在各类挂钩标的中, 挂钩指数的结构性产品最多, 挂钩汇率和挂钩利率的分列第二位和第三位 (见图 3-17), 但各家商业银行对挂钩标的的选择有所不同 (见表 3-1)。

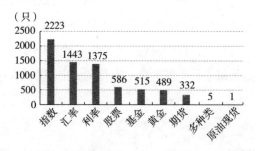

图 3-17　商业银行结构性产品挂钩标的的种类与数量

资料来源: 根据调研数据整理而得。

表3-1　各家商业银行面向普通客户发行结构性产品挂钩标的数量汇总 单位：只

银行名称	利率	原油现货	基金	多种类	指数	期货	汇率	股票	黄金	合计
A01	0	0	0	0	0	0	56	0	0	56
A03	0	0	2	0	36	2	188	2	0	230
A04	0	0	0	0	335	0	0	0	3	338
A05	0	0	0	0	221	221	0	0	0	442
A06	579	0	13	0	30	2	0	2	9	635
A07	0	0	0	0	308	38	4	0	297	647
A08	11	0	1	3	8	0	0	0	2	25
A09	392	0	0	0	0	0	0	0	0	392
A10	0	0	0	0	681	0	0	0	0	681
A11	0	0	0	0	5	0	0	0	127	132
A12	0	0	13	0	150	18	0	16	21	218
A13	0	0	0	0	0	0	60	0	0	60
A14	165	0	12	0	40	45	0	6	0	268
B01	0	0	100	0	0	0	0	2	0	102
B02	1	1	46	0	0	0	456	137	0	641
B05	0	0	4	0	1	6	0	0	0	11
B06	0	0	0	0	0	0	514	325	30	869
B07	0	0	0	2	0	0	30	2	0	34
B08	168	0	0	0	0	0	0	10	0	178
B09	0	0	324	0	377	0	0	79	0	780
B10	0	0	0	0	0	0	100	0	0	100
B12	9	0	0	0	0	0	0	0	0	9
B13	0	0	0	0	31	0	35	0	0	66
B14	50	0	0	0	0	0	0	5	0	55
合计	1375	1	515	5	2223	332	1443	586	489	6969

注：商业银行 A02 未披露结构性产品挂钩标的信息。

资料来源：根据调研数据整理而得。

由表 3-1 可知，在各类挂钩标的中，挂钩指数的结构性产品最多，挂钩汇率和挂钩利率的分列第二位和第三位。

（三）结构性产品的投资收益

1. 情景分析

情景分析数量是指产品说明书中描述的有关结构性产品投资者获取投资收益的各种可能性，情景分析个数越多表明投资者收益水平的不确定性越高，结构性产品越复杂。从统计的结果来看，面向普通客户发行的结构性产品大多具有 2~3 种收益可能，产品复杂度中等。但不容忽视的是，有 491 只结构性产品只有单一的收益情景分析（见图 3-18），意味着这些产品的收益情形并没有随挂钩标的资产的波动而发生变化，没有体现出结构性产品的特性。超过 900 只产品具有 4 种及以上收益情景分析，产品较为复杂，需要投资者具有较高的金融素养，对产品收益结构较为熟悉。

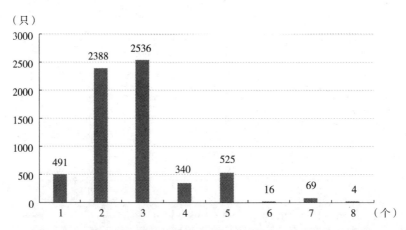

图 3-18　商业银行面向普通客户发行结构性产品情景分析的数量

资料来源: 根据调研数据整理而得。

2. 产品收益率情况

从本书调研的结果来看，7326 只 [①] 面向普通客户发行的结构性产品中，6016 只结构性产品披露了预期最低收益率，6237 只披露了预期最高收益率，3827 只产品披露了实际收益率。平均预期最低收益率为 1.53%，平均预期最高收益率为 5.28%，平均实际收益率为 4.21%，如表 3-2 所示。

表 3-2　商业银行面向普通客户发行结构性产品的收益率统计情况

	预期最低收益率	预期最高收益率	实际收益率
样本数（只）	6016	6237	3827
均值（%）	1.53	5.28	4.21
标准差（%）	3.04	2.27	1.91
最小值（%）	−10.00	0.90	−9.64
上四分位数（%）	1.00	4.20	3.80
中位数（%）	1.79	4.75	4.35
下四分位数（%）	3.45	5.85	4.80
最大值（%）	5.15	35.88	20.01

资料来源：根据调研数据整理而得。

四、结构性产品的投资管理

1. 投资相关费用

在面向普通客户发行的 7326 只结构性产品中，有 353 只产品未披露投资相关收费信息，另外 6973 只产品的信息披露显示，其中 4677 只是不收取任何费用的，其余产品则会收取高低不等的销售费、管理费等（见图 3-19）。

---

① 面向普通投资者发行的结构性产品共 7326 只，但产品各类数据披露情况各不相同，因此在后文图表中可能出现样本总数少于 7326 只的情况。

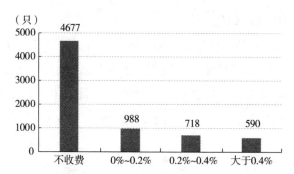

图 3-19　商业银行结构性产品发行人收取的各项投资相关费用

资料来源: 根据调研数据整理而得。

2. 投资运作模式

从产品投资运作的模式来看（见图 3-20），85% 的结构性产品仍然是传统的封闭式非净值型，即结构性产品在约定的投资期限内封闭式运作，投资者不得申购和赎回，到期按约定的收益条件计算投资收益，与结构性产品实际投资资产的收益并不完全等同，若资产实际投资收益超过约定的最高收益，超出部分银行可将其作为管理费用。投资者具有更高投资灵活度的开放式非净值型产品占比达到 14%，在银行实地访谈过程中，许多银行表示今后将加大开放式产品的推广力度。封闭式净值型产品占比仅为 1%，无开放式净值型产品。

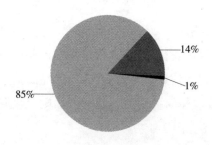

■封闭式非净值型　　■开放式非净值型　　■封闭式净值型

图 3-20　商业银行面向普通客户发行结构性产品的投资运作模式

资料来源: 根据调研数据整理而得。

第二节 研究发现

一、结构性存款与结构性理财的定义与分类存在较大差异

根据《理财新规》第三条，结构性产品依据是否保本可以区分为结构性理财和结构性存款，根据各家银行填报的信息采集表，面向普通客户发行的产品中有52%属于结构性存款（见图3-21），但将收集的相关信息与产品说明书比对后发现，银行填报的信息与产品说明书内容存在较多不一致的情况。有些产品填报为结构性存款，产品说明书却称其为非存款，同时在产品说明书中载明结构性产品本金作为存款统一管理，或填报的信息采集表与产品说明书均明确说明其是投资产品，但又在产品说明书中载明投资本金受存款保险和其他相关保障机制的保障（见表3-3）。

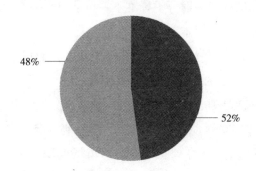

48%

52%

■ 属于结构性存款占比　　■ 属于结构性理财占比

图 3-21 商业银行自报的面向普通客户发行的结构性存款比例

资料来源：根据调研数据整理而得。

表 3-3　商业银行自报的信息与产品说明书的对比结果

对比结果	自行申报为结构性存款	自行申报为结构性理财
产品说明书为结构性存款	A01、A03、A04、A10、A11、A13、B12 的某产品系列，A06 的两个产品系列	A02
产品说明书为结构性理财	B03、B06、B07、B11、B14 的某产品系列	B08 的某系列
本金作为存款，统一运用管理	B05、B14 的某系列	B02
投资本金受存款保险和其他相关保障机制的保障	—	B02、B08 的某产品系列

对于此差异，相关银行的填报人表示他们只是沿用了银行内部对产品的分类，但并不清楚分类的依据。也有银行表示，结构性存款只是其内部产品的分类，实际以理财产品的流程进行销售。根据监管规定，在理财产品的销售文件中不得出现"存款"字样，所以，出现了信息采集表与产品说明书不一致的情形。各家银行结构性存款与结构性理财分类标准不一可能引发一系列的问题。

1.结构性存款不保本

经核实产品说明书发现，表 3-4 中 325 只非保本浮动收益型结构性存款为 B06 的某结构性产品系列，银行自行上报的信息采集表中表明该产品为"结构性存款"，但其产品说明书中载明："本理财产品是非保本浮动收益类产品，不保证本金和收益，与存款存在很大的区别，您的本金可能会因市场变动而蒙受重大损失，您应充分认识投资风险，谨慎投资。"两个信息源内容相矛盾。所以非保本的结构性存款产品会给投资者造成困扰。

表 3-4　商业银行面向普通客户发行结构性产品类型与
收益类型的列联分析　　　　单位：只

收益类型	结构性理财	结构性存款
保本浮动收益型	1282	2918
保证收益型	592	550
非保本浮动收益型	1659	325

资料来源：根据调研数据整理而得。

2. 结构性存款收取托管费和管理费等各项费用

如表 3-5 所示，在本书调研过程中，课题组发现有 4 家银行面向普通客户发行的 526 只产品自行申报为结构性存款，但是银行却又收取了托管费和管理费等各项费用。经比对其产品说明书，课题组发现 A08 和 A09 的产品实为结构性理财，而 A11 和 A13 在自行申报的信息表和产品说明书中均称其产品为结构性存款，但仍然收取了销售管理费和销售服务费等各项费用。

表 3-5　商业银行面向普通客户发行结构性产品类型与
收费情况的列联分析　　　　单位：只

收费情况	结构性理财	结构性存款
不收费	1698	2979
收费	1770	526

3. 结构性存款在保障措施和信息披露方面的表现不一

部分结构性存款仅对原有保本型结构性理财产品进行名称变更，以存款方式进行管理和销售宣传，但却并未缴纳存款准备金和存款保险费。在销售环节，虽然按照理财产品的流程进行销售，但投资者拿到的是存单而非产品销售合同，相关信息披露较少，无理财登记编码，无法通过中国理财网进行信息查询。

4. 名为结构性理财，实为结构性存款

部分结构性产品在产品说明书中明确陈述"本产品并非银行存款""本理财产品""本投资产品"但同时又表明"客户的所有投资本金将存放于银行，由银行资产负债部统一管理"。还有部分结构性产品，银行自行填报的信息采集表和产品说明书均明确其不是结构性存款，但其投资本金却受存款保险和其他相关保障机制的保障。

二、结构性产品开始适应新规并做出转变

1. 净值型产品占比过低

2018年9月26日开始施行的《商业银行理财业务监督管理办法》中第十九条规定，"商业银行开展理财业务，应按照《企业会计准则》和《指导意见》等关于金融工具估值核算的相关规定，确认和计量理财产品的净值"。但从本书调研的面向普通投资者发行的结构性产品来看，仅有1%的封闭式净值型产品，无开放式净值型产品。

本书认为，未来封闭式净值型结构性产品应增加，而开放式净值型结构性产品不适合结构性理财产品。由于结构性理财产品需要挂钩衍生产品，而衍生产品无论是套期保值，还是投机和投资等目的，时间因素都是影响衍生品价值的重要指标，如果是开放式净值型结构性产品，则不利于衍生产品和理财产品组合的价值测算。因此，对于开放式净值型理财产品，存在着两个方面的突破，一个是相对的开放式，即固定开放的间隔期，在固定时点开放申购和赎回，类似于目前的私募基金；另一个是在结构性理财产品的运作过程中，衍生品的交易采取逐日交割，这样能够保证理财产品的开放式净值型特征。因此，开放式净值型只是一个相对的概念。

2. 仍然存在大量保本的结构性产品

《理财新规》第三条规定，理财产品只能是非保本产品；第七十五条规定，保本型结构性产品需要按照结构性存款进行管理。从当前产品收益类型的构成来看，非保本浮动收益型结构性产品仅占全部结构性产品的 27%，虽然银行自行填报的信息采集表中有 52% 的结构性产品为结构性存款，但课题组对照产品说明书后，发现很多自称为结构性存款的产品实际上是结构性理财产品，保本型结构性产品向结构性存款或非保本结构性产品的转变仍然任重道远。

3. 仍存在大量期限在 3 个月以下的结构性产品

根据《理财新规》第四十三规定，商业银行发行的封闭式理财产品的期限不得低于 90 天。但从本书的调研结果来看，仍然有 36% 的产品投资期限在 3 个月以内，所以，这些产品的投资期限应逐步满足监管的要求。

4. 较少银行进行了结构性产品的压力测试

《理财新规》第四十六条规定，商业银行应该建立健全理财产品压力测试制度。以往商业银行只需以银行整体为对象，进行全行范围内的压力测试，因此，理财产品压力测试对商业银行而言是全新的要求和挑战。从调研的结果来看，在 25 家面向普通投资者发行结构性产品的商业银行中只有两家进行了产品动态压力测试，分别是 B06 和 B12，涉及产品数 878 个，明确提出未进行产品动态压力测试的银行有 B01、B05、B08 和 B13，涉及产品数量 357 个；其他银行未披露相关信息。

5. 较少银行披露了交易对手的信息

《理财新规》第四十五条规定，商业银行应该按照穿透原则对交易对手实施尽职调查和准入管理，设置适当的交易限额并根据需要进行动态调整。在 25 家面向普通投资者发行结构性产品的商业银行中，只有 9 家银行（B01、B02、B05、B07、B08、B10、

B12、B13 和 A11）对有关交易对手的信息进行了披露，且均为单一交易对手，集中度风险较高。

三、收益率实现程度提高，信息披露程度下降

为衡量带有预期收益区间的结构性产品的收益实现程度，本书构建了一个收益实现程度的指标，该指标为"1"表示结构性产品实现了预期最高收益率，该指标为"0"表示结构性产品实现了预期最低收益率。据统计，在能够计算收益实现程度的 3009 只结构性产品中，2249 只结构性产品实现了预期最高收益率，占比高达 74.7%，如图 3-22 所示。

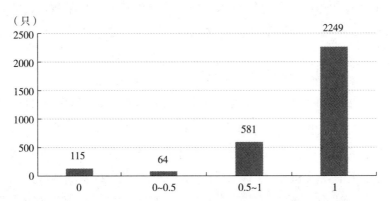

图 3-22　商业银行面向普通客户发行结构性产品的收益实现程度

资料来源：根据调研数据整理而得。

除去市场因素，较高程度的产品收益率实现程度也得益于收益区间的收窄。本书结构性产品的平均收益区间为 3.74%，也就是说平均预期最高收益比平均预期最低收益高了 3.74 个百分点。

在看到结构性产品收益实现程度提高这一可喜变化的同时，我们发现商业银行结构性产品收益率信息的披露程度却呈现下降趋势，对于近期发行并到期的结构性产品，很多银行在信息采集

表中未进行填列，本书根据理财登记编码到中国理财网进行查询，也没有获得相关收益率的信息。本书认为，在结构性产品转化为净值型产品之前，各类收益率的信息仍然是金融消费者和市场分析人士最为关心的信息之一，应该进行及时、充分的披露。

四、衍生品的投资过程不够透明

结构性产品的投资过程，尤其是衍生品投资与金融消费者的最终收益密切相关。本书设计了相关信息采集表，并请各家银行在信息采集表中提交有关衍生品投资资金的来源、衍生品投资占比的信息。但是，银行基本没有填列，课题组又查阅了产品说明书，发现相关内容的表达也不太清晰。

结构性产品的投资过程不够透明会让投资者产生衍生品投资是否真实、挂钩收益是否真实存在、投资收益计算时的各项参数如何确定等疑问。

五、开展结构性产品专项风险评估的银行较少，投资者适当性有待提高

商业银行结构性产品属于复合型金融工具，到期收益通过固定收益工具与各类衍生金融工具组合而成，是一类产品特征和收益结构较为复杂的金融产品。投资者对结构性产品的复杂性及风险缺少认知，而金融机构在产品设计、风险管理和信息披露等方面均占据主导优势。所以，结构性产品发行银行采取一定措施，确保投资者的适当性是非常必要的。但是，本书调研的结果显示，大多数银行采用的方式是将投资者风险承受能力的评估结果与产品风险等级进行匹配，没有根据结构性产品的特性进行专项风险评估或对适当的投资者进行描述。

六、商业银行和投资者的产品赎回权利不对等，有悖公平交易

在封闭式结构性产品中，绝大多数产品说明书的条款规定客户（投资者）在产品到期前不可赎回（见图 3-23），但银行却保留提前赎回的权利（见图 3-24）。在结构性产品被提前赎回的情形下，投资者的再投资风险加大，很有可能无法获得预期收益。商业银行和投资者的产品赎回权利不对等，有悖公平交易。

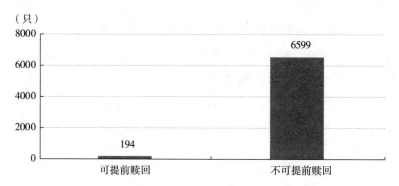

图 3-23　有关投资者提前赎回结构性产品的规定

资料来源：根据调研数据整理而得。

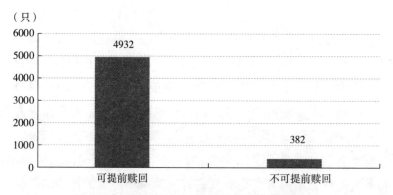

图 3-24　有关银行提前赎回结构性产品的规定

资料来源：根据调研数据整理而得。

第四章 面向私人银行客户发行的结构性产品的调查研究

第一节 面向私人银行客户发行的结构性产品的数量与金额

在上海市场中，发行私人银行专属结构性产品的商业银行共 12 家，包括：A05、A06、A07、A12、B01、B03、B04、B05、B07、B11、B13 和 B14（见表 4-1）。本部分仅研究私人银行客户专属的结构性产品，不统计同时面向普通客户与私人银行客户发行的结构性产品。

表 4-1 商业银行的私人银行结构性产品发行的数量统计 单位：只

序号	银行名称	发行数量
1	A05	120
2	A06	11
3	A07	2
4	A12	42
5	B01	20

续表

序号	银行名称	发行数量
6	B03	86
7	B04	15
8	B05	1
9	B07	7
10	B11	36
11	B13	9
12	B14	85
总计		434

资料来源：根据调研数据整理而得。

从商业银行发行私人银行结构性产品的次数和比例统计来看，中资银行落后于外资银行，仅占 40.32%，如图 4-1 所示。

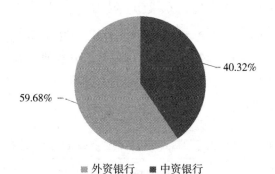

图 4-1　中外资银行发行私人银行结构性产品的比例

资料来源：根据调研数据整理而得。

从商业银行发行私人银行结构性产品的金额统计来看，考虑平均汇率因素，私人银行结构性产品中人民币产品位居第一，其次为港元产品，美元产品位居第三，如表 4-2 所示。

表 4-2 结构性产品的募集币种总额 单位：亿元

币种	开放式非净值型	封闭式非净值型	封闭式非净值型
澳大利亚元	2.90	0.02	—
港元	89.38	—	—
加拿大元	1.85	0.03	—
美元	34.73	0.02	—
欧元	4.39	—	—
人民币	61.50	61.09	1.04
日元	0.62	—	—
瑞士法郎	0.04	—	—
新加坡元	0.04	—	—
新西兰元	0.48	—	—
英镑	1.00	0.00	—

资料来源：根据调研数据整理而得。

从商业银行的私人银行结构性产品的运作模式分项统计来看，考虑平均汇率因素，以美元募集的产品主要集中于开放式非净值型结构性产品，以人民币募集的产品主要集中于非净值型结构性产品，以港元募集的产品主要集中于开放式非净值型结构性产品。

第二节 面向私人银行客户发行的结构性产品的基本属性

一、商业银行私人银行结构性产品的期限

商业银行面向私人银行客户发行的结构性产品的到期期限较

短。以固定期限的产品为例（见图4-2、图4-3），私人银行结构性产品的到期期限主要集中在90天及以内，占市场不同期限产品总额的35%，其次是到期期限为181~365天，占比24%，然后是到期期限为91~180天，占比18%。但无固定期限的结构性产品也较多，占比20%，而366天以上到期的产品最少，仅占比2%。

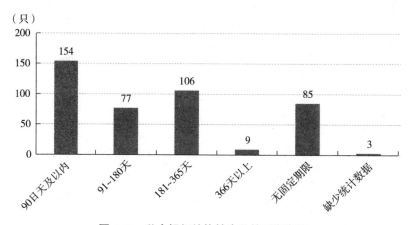

图 4-2　私人银行结构性产品的到期期限

资料来源：根据调研数据整理而得。

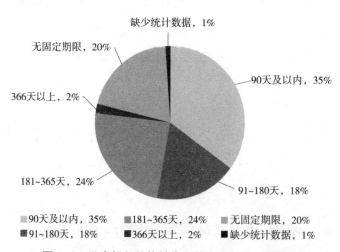

图 4-3　私人银行结构性产品的到期期限占比情况

资料来源：根据调研数据整理而得。

二、商业银行私人银行结构性产品的币种

商业银行面向私人银行客户发行的结构性产品的募集币种多样（见图4-4），主要集中在人民币和美元，以人民币为募集币种的结构性产品数量占比67.74%，以美元为募集币种的结构性产品数量占比为8.76%，其他币种的结构性产品占比23.50%，如图4-5所示。

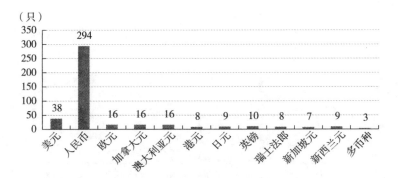

图4-4　私人银行结构性产品的募集币种数量

资料来源：根据调研数据整理而得。

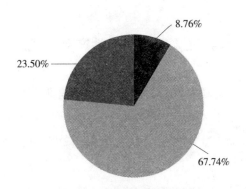

■ 以美元发行私人银行结构性产品占比
■ 以人民币发行私人银行结构性产品占比
■ 以其他币种发行私人银行结构性产品占比

图4-5　私人银行结构性产品的募集币种占比情况

资料来源：根据调研数据整理而得。

三、商业银行私人银行结构性产品的认购起点

商业银行面向私人银行客户发行的各币种结构性产品认购起点多样（见图 4-6 和表 4-3），人民币结构性产品的认购起点主要集中在 30 万元和 70 万元，而非人民币产品集中在以该币种计量的 10 万水平，如日元产品集中在以 10 万日元为认购起点，共有 9 只产品发行。美元产品集中在以 5 万美元为认购起点，共有 25 只产品发行。

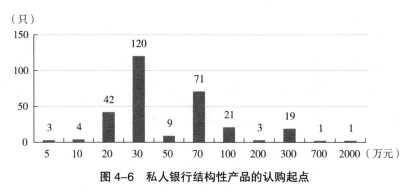

图 4-6　私人银行结构性产品的认购起点

资料来源：根据调研数据整理而得。

四、商业银行私人银行结构性产品的风险等级

商业银行面向私人银行客户发行的结构性产品的风险等级分布如图 4-7 和图 4-8 所示，结构性产品的风险等级多集中在三级风险和一级风险，其中属于三级风险的有 200 只，占比 46.08%；属于一级风险的有 105 只，占比 24.19%；风险等级为四级风险和二级风险的分别占比 20.05% 和 9.68%。

表 4-3　私人银行结构性产品的认购起点份额

单位：只

认购起点份额（万）	澳元	港元	加拿大元	美元	欧元	人民币	日元	瑞士法郎	新加坡元	新西兰元	英镑	总计
3				1								1
5	2		2	25	7	3						39
10	9	8	9	9	9	4	9	8	7	9	9	90
20						42						42
30						120						120
50				1		9						10
70						71						71
100		2				21						23
200						3						3
300						19						19
700						1						1
2000						1						1
等值10万美元	5		5	3							1	14
总计	16	10	16	39	16	294	9	8	7	9	10	434

注："等值10万美元"是指认购日需要将投资货币按照当日汇率折算，以美元计价。

资料来源：根据调研数据整理而得。

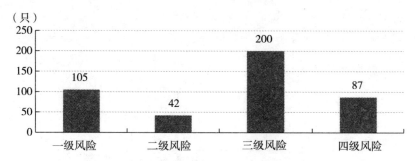

图4-7 私人银行结构性产品的内部风险等级

资料来源：根据调研数据整理而得。

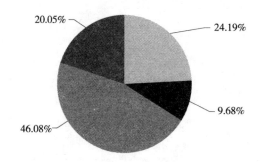

▨ 风险等级为一级的私人银行结构性产品占比
■ 风险等级为二级的私人银行结构性产品占比
▨ 风险等级为三级的私人银行结构性产品占比
■ 风险等级为四级的私人银行结构性产品占比

图4-8 私人银行结构性产品的内部风险等级占比情况

资料来源：根据调研数据整理而得。

五、商业银行私人银行结构性产品的预期收益类型

商业银行面向私人银行客户发行的结构性产品中"非保本浮动收益型"产品较多（见图4-9和图4-10），共计发行303只，占比69.82%；其次是"保本浮动收益型"产品，共计发行124只，占比28.57%；"保证收益型"产品最少，共计发行7只，仅占比1.61%。

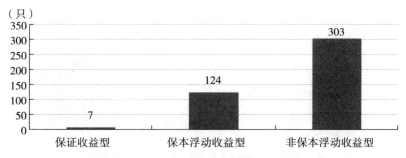

图 4-9 私人银行结构性产品的收益类型

资料来源：根据调研数据整理而得。

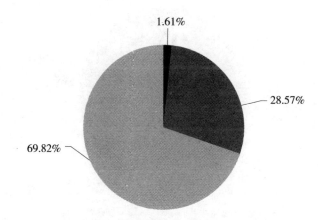

图 4-10 私人银行结构性产品的收益类型占比情况

资料来源：根据调研数据整理而得。

　　商业银行面向私人银行客户发行的人民币结构性产品主要是"非保本浮动收益型"结构性产品（见图 4-11 和图 4-12），共计发行 165 只，占比 56.12%；其次是"保本浮动收益型"结构性产品，共计发行 122 只，占比 41.50%；"保证收益型"结构性产品最少，共计发行 7 只，仅占比 2.38%。

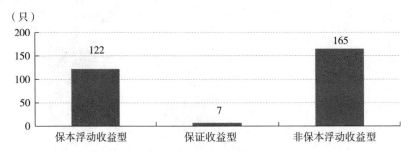

图 4-11　私人银行人民币结构性产品的收益类型

资料来源：根据调研数据整理而得。

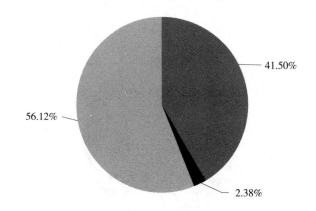

41.50%

56.12%

2.38%

■ 非保本浮动收益型私人银行人民币结构性产品占比
■ 保本浮动收益型私人银行人民币结构性产品占比
■ 保证收益型私人银行人民币结构性产品占比

图 4-12　私人银行人民币结构性产品的收益类型占比情况

资料来源：根据调研数据整理而得。

　　商业银行面向私人银行客户发行的外币结构性产品以"非保本浮动收益型"结构性产品为主（见图 4-13 和图 4-14），共计发行 138 只，占比 98.57%；其次是"保本浮动收益型"结构性产品，共计发行 2 只，占比 1.43%；"保证收益型"结构性产品没有发行。

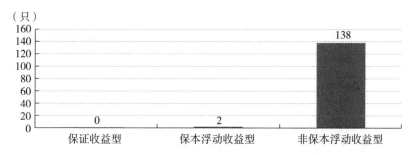

图4-13　私人银行外币结构性产品的收益类型

资料来源：根据调研数据整理而得。

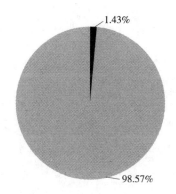

■ 非保本浮动收益型私人银行外币结构性产品占比
■ 保本浮动收益型私人银行外币结构性产品占比

图4-14　私人银行外币结构性产品的收益类型占比情况

资料来源：根据调研数据整理而得。

六、商业银行私人银行结构性产品的投资运作模式

商业银行面向私人银行客户发行的结构性产品投资运作模式以非净值型为主，而净值型产品仅有6只发行（见表4-4）。在非净值型产品中，运作模式开放式与封闭式并重，封闭式的结构性产品占比稍高（见图4-15、图4-16）。

表 4-4 私人银行结构性产品的投资运作模式

单位：只

投资运作模式		港元	加拿大元	美元	欧元	人民币	日元	瑞士法郎	澳大利亚元	新加坡元	新西兰元	英镑	总计
非净值型	封闭式	0	7	30	7	168	0	0	7	0	0	1	220
	开放式	10	9	9	9	120	9	8	9	7	9	9	208
净值型	封闭式	0	0	0	0	6	0	0	0	0	0	0	6
	开放式	0	0	0	0	0	0	0	0	0	0	0	0
总计		10	16	39	16	294	9	8	16	7	9	10	434

资料来源：根据调研数据整理而得。

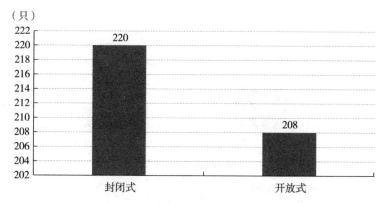

图 4-15　私人银行非净值型结构性产品的投资运作模式

资料来源：根据调研数据整理而得。

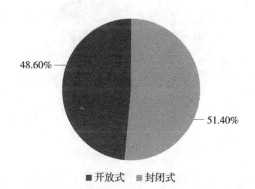

图 4-16　私人银行非净值型结构性产品的投资运作模式占比情况

资料来源：根据调研数据整理而得。

　　商业银行面向私人银行客户发行的结构性产品采用结构性理财模式较多（见图 4-17 和图 4-18），共 270 只，占比 62.21%；结构性存款略少，共 164 只，占比 37.79%。

　　商业银行面向私人银行客户发行的结构性产品基本不采用滚存模式（见图 4-19），除了 85 只结构性产品没有提供滚存信息外，其他结构性产品均明确表示不可滚存。

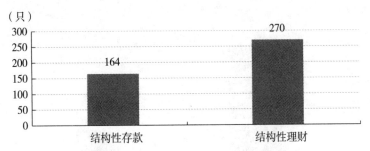

图 4-17　私人银行结构性产品的类型

资料来源: 根据调研数据整理而得。

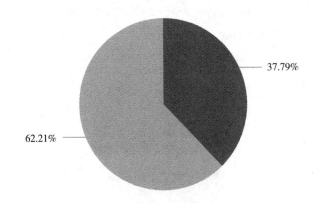

■ 结构性理财占比　■ 结构性存款占比

图 4-18　私人银行结构性产品的类型占比情况

资料来源: 根据调研数据整理而得。

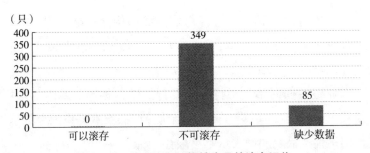

图 4-19　私人银行结构性产品的滚存运作

注:"缺少数据"表示没有收集到此类信息。

资料来源: 根据调研数据整理而得。

七、商业银行私人银行结构性产品的双方权利

商业银行面向私人银行客户发行的结构性产品没有赋予客户提前赎回权的共计 313 只，占比 72.12%；赋予客户赎回权的结构性产品为 121 只，占比 27.88%，如图 4-20 和图 4-21 所示。

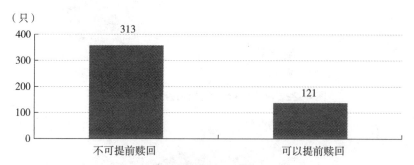

图 4-20　私人银行结构性产品的客户权利

资料来源：根据调研数据整理而得。

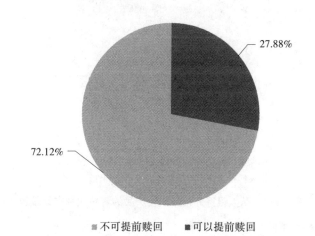

图 4-21　私人银行结构性产品的客户权利占比情况

资料来源：根据调研数据整理而得。

在商业银行面向私人银行客户发行的人民币结构性产品中，客户均无提前赎回权。而在外币结构性产品中，赋予客户提前赎

回权的共计 121 只,占比 86.43%;客户无提前赎回权的外币结构
性产品为 19 只,占比 13.57%,如图 4-22 和图 4-23 所示。

（只）

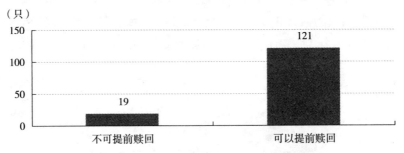

图 4-22　私人银行外币结构性产品的客户权利

资料来源:根据调研数据整理而得。

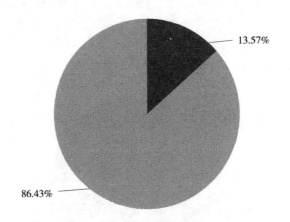

■ 私人银行客户可以提前赎回外币结构性产品占比
■ 私人银行客户不可提前赎回外币结构性产品占比

图 4-23　私人银行外币结构性产品的客户权利占比情况

资料来源:根据调研数据整理而得。

　　商业银行面向私人银行客户发行的结构性产品赋予银行可提
前终止权利的共计 227 只,占比 52.30%;明确不可提前终止的结
构性产品共 42 只,占比 9.68%;其余未明确说明,如图 4-24 和图
4-25 所示。

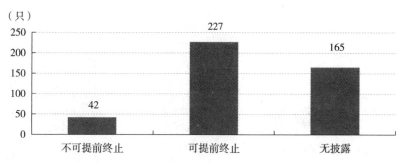

（只）

图 4-24　私人银行结构性产品的银行权利

资料来源：根据调研数据整理而得。

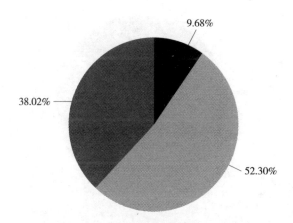

■ 银行可提前终止私人银行结构性产品占比
■ 银行不可提前终止私人银行结构性产品占比
■ 无披露占比

图 4-25　私人银行结构性产品的银行权利占比情况

资料来源：根据调研数据整理而得。

在商业银行面向私人银行客户发行的人民币结构性产品中，赋予银行可提前终止权利的共计 138 只，占比 46.94%；明确不可提前终止的人民币结构性产品为 42 只，占比 14.29%；其余未明确说明，如图 4-26 和图 4-27 所示。

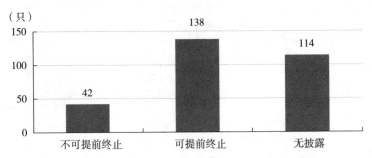

图 4-26 私人银行人民币结构性产品的银行权利

资料来源：根据调研数据整理而得。

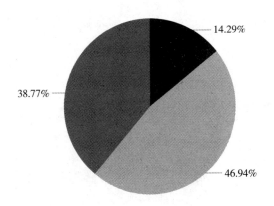

■ 银行可提前终止私人银行人民币结构性产品占比
■ 银行不可提前终止私人银行人民币结构性产品占比
■ 无披露占比

图 4-27 私人银行人民币结构性产品的银行权利占比情况

资料来源：根据调研数据整理而得。

在商业银行面向私人银行客户发行的外币结构性产品中，赋予银行可提前终止权利的共计 89 只，占比 63.57%；其余未明确说明，如图 4-28 和图 4-29 所示。

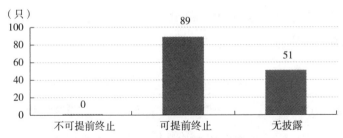

图 4-28　私人银行外币结构性产品的银行权利

资料来源: 根据调研数据整理而得。

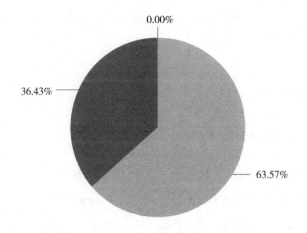

■ 银行可提前终止私人银行外币结构性产品占比
■ 银行不可提前终止私人银行外币结构性产品占比
■ 无披露占比

图 4-29　私人银行外币结构性产品的银行权利占比情况

资料来源: 根据调研数据整理而得。

八、商业银行私人银行结构性产品的预期收益

商业银行面向私人银行客户发行的结构性产品的收益预期以浮动收益为主（见表 4-5），结构性理财产品全部为非保本浮动收益型产品，结构性存款产品中保本型产品与非保本型产品比例大

致相当，占比分别为 48.89% 和 51.11%，因此结构性存款不能理解为保本型产品。

表 4-5　私人银行客户结构性产品预期收益的特征

预期收益特征	结构性理财		结构性存款	
保证收益型	观测数（只）	—	观测数（只）	6
	比例（%）	—	比例（%）	2.22
保本浮动收益型	观测数（只）	—	观测数（只）	126
	比例（%）	—	比例（%）	46.67
非保本浮动收益型	观测数（只）	164	观测数（只）	138
	比例（%）	100	比例（%）	51.11

资料来源：根据调研数据整理而得。

　　商业银行面向私人银行客户发行的结构性产品的预期最低收益率集中在 0%~3%，共 201 只，占比 46.31%；有 15 只私人银行结构性产品的预期最低收益率超过 4%，占比 3.46%，如图 4-30 和图 4-31 所示。

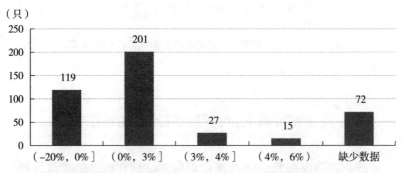

图 4-30　私人银行结构性产品的预期最低收益率

资料来源：根据调研数据整理而得。

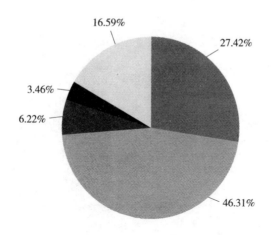

- 收益率为-20%~0%占比
- 收益率为0%~3%占比
- 收益率为3%~4%占比
- 收益率为4%~6%占比
- 缺少数据占比

图 4-31　私人银行结构性产品的预期最低收益率占比情况

资料来源：根据调研数据整理而得。

面向私人银行客户发行的非保本浮动收益型的结构性产品披露的预期最低收益率集中在区间（0%，3%]，共计观测数 157 只，占比 51.99%；有 15 种产品的预期最低收益率超过 4% 但均不高于 6%，占比 4.97%（见图 4-32、图 4-33）。

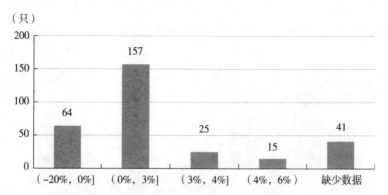

图 4-32　私人银行非保本浮动收益型结构性产品的预期最低收益率（观测数）

资料来源：根据调研数据整理而得。

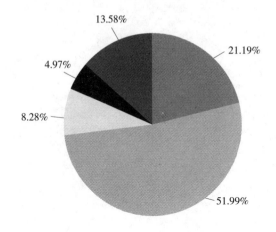

图 4-33　私人银行非保本浮动收益型结构性产品的预期最低收益率占比情况

资料来源: 根据调研数据整理而得。

　　商业银行面向私人银行客户发行的保本浮动收益型结构性产品的预期最低收益率大多为 0%, 共计 55 只, 占比 43.65%; 私人银行保本浮动收益型结构性产品预期最低收益率集中在 0%~3% 的共有 38 只, 占比 30.16%; 有 2 只私人银行保本浮动收益型结构性产品的预期最低收益率为 3%~4%, 占比 1.59%; 其余 31 只缺少数据, 占比 24.60%, 如图 4-34 和图 4-35 所示。

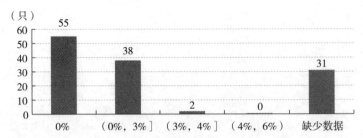

图 4-34　私人银行保本浮动收益型结构性产品的预期最低收益率

资料来源: 根据调研数据整理而得。

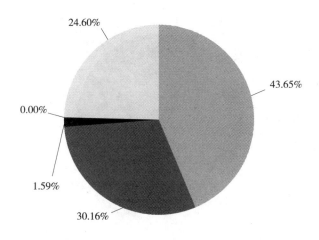

图 4-35　私人银行保本浮动收益型结构性产品的预期最低收益率占比情况

资料来源：根据调研数据整理而得。

　　商业银行面向私人银行客户发行的结构性产品预期的最高收益率集中在 3%~30%，占比 79.95%；预期的最高收益率低于 3% 的私人银行结构性产品共 51 只，占比 11.75%，如图 4-36 和图 4-37 所示。

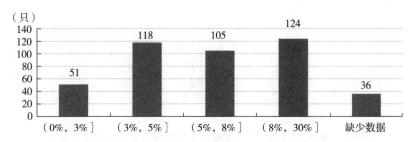

图 4-36　私人银行结构性产品的预期最高收益率

资料来源：根据调研数据整理而得。

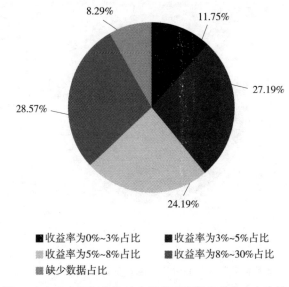

■ 收益率为0%~3%占比   ■ 收益率为3%~5%占比
■ 收益率为5%~8%占比   ■ 收益率为8%~30%占比
■ 缺少数据占比

图 4-37　私人银行结构性产品的预期最高收益率占比情况

资料来源：根据调研数据整理而得。

　　商业银行面向私人银行客户发行的非保本浮动收益型结构性产品预期的最高收益率多集中在 8%~30%，数量为 115 只，占比 38.08%，如图 4-38 和图 4-39 所示。

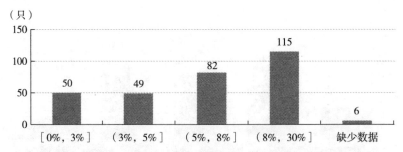

图 4-38　私人银行非保本浮动收益型结构性产品的预期最高收益率

资料来源：根据调研数据整理而得。

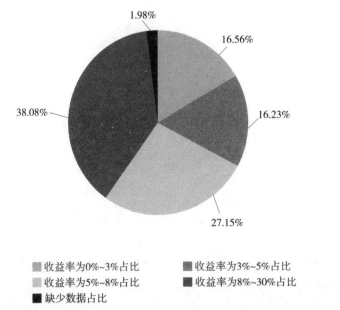

图 4-39 私人银行非保本浮动收益型结构性产品的预期最高收益率占比情况

资料来源：根据调研数据整理而得。

商业银行面向私人银行客户发行的保本浮动收益型结构性产品的预期最高收益率多集中在 3%~5%，数量共 66 只，占比 52.38%，如图 4-40 和图 4-41 所示。

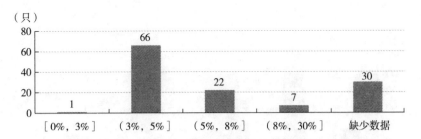

图 4-40 私人银行保本浮动收益型结构性产品的预期最高收益率

资料来源：根据调研数据整理而得。

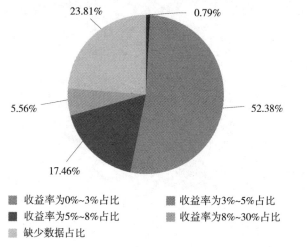

图 4–41　私人银行保本浮动收益型结构性产品的预期最高收益率占比情况

资料来源：根据调研数据整理而得。

九、商业银行私人银行结构性产品的情景分析

商业银行面向私人银行客户发行的结构性产品的情景分析数量最多的是 3 个情景分析，共 233 只，占比 53.69%；22 只私人银行结构性产品的情景分析数量达到 7 个，占比 5.07%，如图 4–42 和图 4–43 所示。

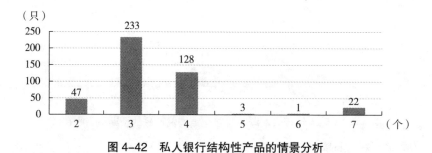

图 4–42　私人银行结构性产品的情景分析

资料来源：根据调研数据整理而得。

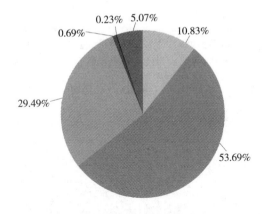

0.23%　5.07%

0.69%

10.83%

29.49%

53.69%

▨ 拥有2个情景分析的私人银行结构性产品占比
▨ 拥有3个情景分析的私人银行结构性产品占比
▨ 拥有4个情景分析的私人银行结构性产品占比
▨ 拥有5个情景分析的私人银行结构性产品占比
■ 拥有6个情景分析的私人银行结构性产品占比
▨ 拥有7个情景分析的私人银行结构性产品占比

图4-43　私人银行结构性产品的情景分析占比情况

资料来源: 根据调研数据整理而得。

商业银行面向私人银行客户发行的结构性产品的收益情景以 2~4 个为主（见表4-6），保证收益类产品普遍设计 2~3 个情景，而非保本浮动收益产品普遍设计 3~4 个情景，为客户提供了多种收益预期的可能性。

表 4-6　不同收益类型结构性产品的情景分析

情景分析（个）	保证收益型结构性产品		保本浮动收益型结构性产品		非保本浮动收益型结构性产品	
	数量（只）	比例（%）	数量（只）	比例（%）	数量（只）	比例（%）
2	4	66.67	29	23.02	14	4.64
3	2	33.33	83	65.87	148	49.01

续表

情景分析 （个）	保证收益型 结构性产品		保本浮动收益型 结构性产品		非保本浮动收益型 结构性产品	
	数量 （只）	比例 （%）	数量 （只）	比例 （%）	数量 （只）	比例 （%）
4	—	—	13	10.32	115	38.08
5	—	—	—	—	3	0.99
6	—	—	—	—	1	0.33
7	—	—	1	0.79	21	6.95

资料来源：根据调研数据整理而得。

商业银行面向私人银行客户发行的结构性产品的情景分析数量最多的是 3 个和 4 个，产品发行分别为 233 种和 128 种，占全部发行数的比例分别为 53.69% 和 29.49%，有 22 种产品的情景分析数量达到 7 个，占比 5.07%（见图 4-44 和图 4-45）。

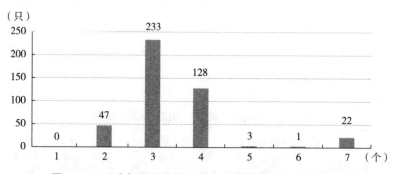

图 4-44　私人银行结构性理财产品的情景分析（观测数）

资料来源：根据调研数据整理而得。

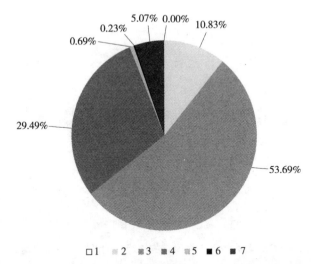

图 4-45　私人银行结构性理财的情景分析占比情况（观测比例）

资料来源: 根据调研数据整理而得。

　　商业银行面向私人银行客户发行的人民币结构性产品的情景分析数量大多为 3 个，观测数为 194 只，占比 65.99%，部分产品的情景分析数量达到 7 个，共 22 只，占比 7.48%（见图 4-46、图 4-47）。

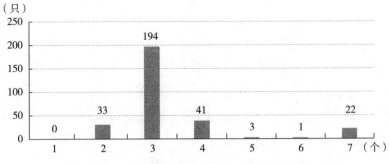

图 4-46　私人银行结构性产品的情景分析（观测数）

资料来源: 根据调研数据整理而得。

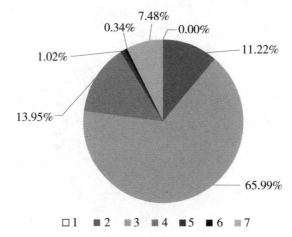

图4-47　私人银行人民币结构性产品的情景分析占比情况

资料来源：根据调研数据整理而得。

商业银行面向私人银行客户发行的外币结构性产品的情景分析数量大多为4个，共有87只，占比62.14%，如图4-48和图4-49所示。

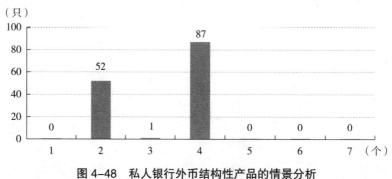

图4-48　私人银行外币结构性产品的情景分析

资料来源：根据调研数据整理而得。

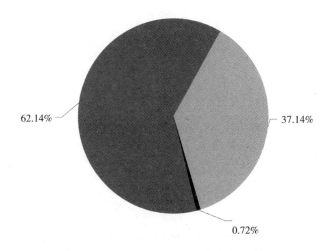

62.14%　　　37.14%

0.72%

■ 拥有2个情景分析的私人银行外币结构性产品占比
■ 拥有3个情景分析的私人银行外币结构性产品占比
■ 拥有4个情景分析的私人银行外币结构性产品占比

图4-49　私人银行外币结构性产品的情景分析占比情况

资料来源：根据调研数据整理而得。

　　商业银行面向私人银行客户发行的保本浮动收益型结构性产品的情景分析数量大多为3个，共74只，占比64.35%，有1只结构性产品的情景分析数量达到7个，如图4-50和图4-51所示。

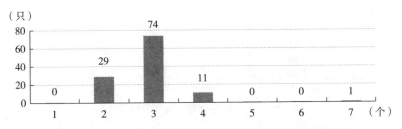

图4-50　私人银行保本浮动收益型结构性产品的情景分析

资料来源：根据调研数据整理而得。

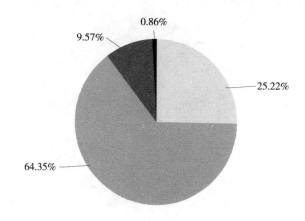

■ 拥有2个情景分析的私人银行保本浮动收益型结构性产品占比
■ 拥有3个情景分析的私人银行保本浮动收益型结构性产品占比
■ 拥有4个情景分析的私人银行保本浮动收益型结构性产品占比
■ 拥有7个情景分析的私人银行保本浮动收益型结构性产品占比

图 4-51　私人银行保本浮动收益型结构性产品情景分析占比情况

资料来源: 根据调研数据整理而得。

　　商业银行面向私人银行客户发行的保证收益型结构性产品的数量较少, 共 7 只。拥有 2~3 个情景分析数量的产品较多, 共 6 只, 如图 4-52 所示。

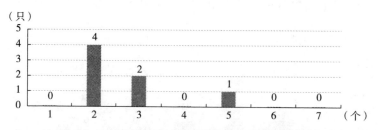

图 4-52　私人银行保证收益型结构性产品情景分析

资料来源: 根据调研数据整理而得。

　　商业银行面向私人银行客户发行的非保本浮动收益型结构性产品的情景分析拥有数量大多为 3~4 个。其中, 有 109 只结构性产品的情景分析数量为 3 个, 占比为 35.97%, 有 115 只结构性产品的情景分析数量为 4 个，占比为 37.95%，有 21 只产品的情景分析数量达到 7 个，占比 6.93%，如图 4-53 和图 4-54 所示。

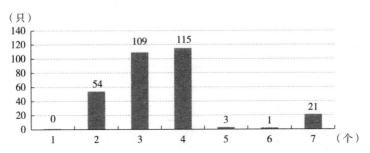

图 4-53　私人银行非保本浮动收益型结构性产品的情景分析

资料来源：根据调研数据整理而得。

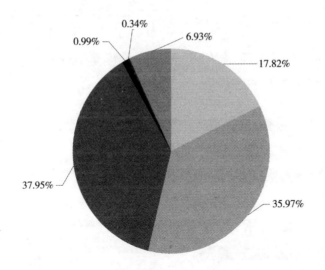

■ 拥有2个情景分析的私人银行非保本浮动收益型结构性产品占比
■ 拥有3个情景分析的私人银行非保本浮动收益型结构性产品占比
■ 拥有4个情景分析的私人银行非保本浮动收益型结构性产品占比
■ 拥有5个情景分析的私人银行非保本浮动收益型结构性产品占比
■ 拥有6个情景分析的私人银行非保本浮动收益型结构性产品占比
■ 拥有7个情景分析的私人银行非保本浮动收益型结构性产品占比

图 4-54　私人银行非保本浮动收益型结构性产品的情景分析占比情况

资料来源：根据调研数据整理而得。

十、商业银行私人银行结构性产品的信息披露

在商业银行面向私人银行客户发行的结构性产品中，银行提供了多样化的信息披露渠道（见图4-55和图4-56），各银行官网

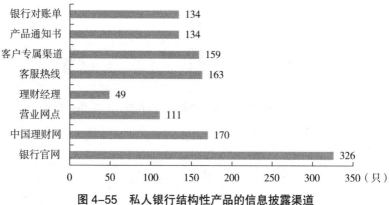

图4-55　私人银行结构性产品的信息披露渠道

资料来源：根据调研数据整理而得。

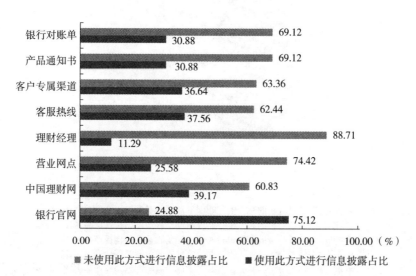

■ 未使用此方式进行信息披露占比　　■ 使用此方式进行信息披露占比

图4-56　私人银行结构性产品的信息披露渠道占比情况

资料来源：根据调研数据整理而得。

是最主要的信息披露渠道，共有 326 只结构性产品信息公布在各银行官网上，占全部结构性产品的比例为 75.12%，采用理财经理直接传递信息的信息披露方式最少，共 49 只，占全部结构性产品的比例为 11.29%。除此之外，中国理财网也是重要的信息披露渠道，在中国理财网披露信息的结构性产品共 170 只，占比 39.17%。

第三节　商业银行私人银行客户专属结构性产品的问题分析

一、结构性存款与结构性理财的定义与分类有待进一步澄清

根据《理财新规》，结构性产品根据是否保本可以区分为结构性存款和结构性理财，但在商业银行的私人银行业务中，结构性产品分类较为模糊。调研结果发现，仅有 A05、A07 与 A12 发行的结构性产品明确说明为非结构性存款，其他银行发行的结构性产品均为结构性存款。因此，本书认为各家银行是否能够严格按照定义区分结构性存款与结构性理财，是一个需要关注的问题，因为前者属于交易对手关系，后者属于委托代理关系，收益划分的依据差异较大，如表 4–7 所示。

表 4–7　各家银行自行上报私人银行结构性产品的分类与数量 单位：只

银行名称	结构性产品合计	结构性存款	结构性理财
A05	120	—	120
A06	11	11	—
A07	2	—	2

续表

银行名称	结构性产品合计	结构性存款	结构性理财
A12	42	—	42
B01	20	20	—
B03	86	86	—
B04	15	15	—
B05	1	1	—
B07	7	7	—
B11	36	36	—
B13	9	9	—
B14	85	85	—

资料来源：根据银行提供的理财产品信息整理而得。

但是根据理财说明书的表述，B01 在产品风险揭示书中明确说明"本理财产品不是存款，存在投资风险"；B02 在产品风险揭示书中明确说明"理财非存款、产品有风险、投资须谨慎"；A05 在产品风险揭示书中明确说明"银行销售的理财产品与存款存在明显区别，具有一定的风险"，其他银行也大致如此。银行在产品说明书中对发行的产品未明确"是否是结构性存款"，客户与银行间的关系属于交易对手还是"专家型"委托代理，这种疑问会影响客户对风险的理解，也容易扭曲对预期收益的理解。

二、净值型理财产品较少

根据《理财新规》规定，结构性产品采用净值管理是未来发展的方向，这样做不仅能够及时捕捉市场动态，也能够及时向金融消费者提供有关收益和风险的信息，更重要的是有助于增强消费者独立承担风险的能力。但根据各家商业银行的私人银行结构性产品的统计发现，净值型结构性产品较少，如表 4-8 所示。

表 4-8　《资管新规》发布前后商业银行面向私人银行客户发行
结构性产品的数量及占比

《资管新规》发布情况		净值型结构性产品		非净值型结构性产品	
		数量（只）	比例（%）	数量（只）	比例（%）
《资管新规》征求意见稿	发布前	0	0.00	239	100.00
	发布后	6	3.08	189	96.92
《资管新规》正式稿	发布前	1	0.31	325	99.69
	发布后	5	4.63	103	95.37

注：①《资管新规》是指《关于规范金融机构资产管理业务的指导意见》；②计算时间按照发布时间计算。

资料来源：根据调研数据整理而得。

需要说明的是，根据银行提供的产品信息，仅有 B13 发行了净值型结构性产品，仅根据最终收市水平确定最终收益，投资期间发生的任何价值变化都不披露相关信息，不属于标准的净值型结构性产品。如果将 B13 的净值型结构性产品剔除，则私人客户产品没有净值型结构性产品。

三、存在一定比例的保本结构性产品

根据《理财新规》，理财产品不能以保本方式向消费者做出承诺，以免误导消费者。根据本书调研结果，各家商业银行面向私人银行客户发行的结构性产品中依然存在 1.38% 的结构性产品既保本金也保收益，29.03% 的结构性产品属于保本金不保收益类型，如图 4-57 所示。

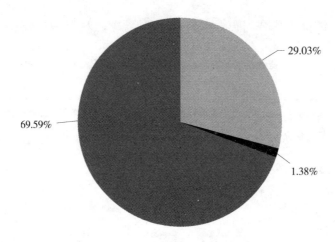

保本浮动收益型私人银行结构性产品占比
保证收益型私人银行结构性产品占比
非保本浮动收益型私人银行结构性产品占比

图 4-57　私人银行结构性产品的本金和收益保证占比情况

资料来源：根据调研数据整理而得。

《资管新规》通常基于现有问题而制定，通过调研发现，《资管新规》没有对结构性产品的保本金承诺产生明显影响（见表4-9），这是未来商业银行面向私人银行客户发行结构性产品需要逐步改进的方面。

表 4-9　《资管新规》对私人银行结构性产品的影响　单位：只

收益类型	全部	《资管新规》 发布前	《资管新规》 发布后
保本浮动收益型结构性产品	126	21	105
保证收益型结构性产品	6	0	6
非保本浮动收益型结构性产品	302	36	178

注：有132只产品没有明确的起息日。
资料来源：根据调研数据整理而得。

四、存在大量期限在 90 天以内的结构性产品

根据《理财新规》，商业银行不能发行 90 天期限以下的结构性产品。本书调研结果表明，有 154 只产品发行期限低于 90 天（见表 4-10），其中 A05、B03、B11 的短期产品占比较多，而 A12、B07、B14、B05 全部产品期限均超过 90 天。

表 4-10　以 90 天为期限的结构性产品分布

发行银行	高于 90 天		不高于 90 天		合计	
	次数	占比（%）	次数	占比（%）	次数	占比（%）
B01	18	6.43	2	1.30	20	4.61
B03	52	18.57	34	22.08	86	19.82
B04	12	4.29	3	1.95	15	3.46
B05	1	0.36	0	0.00	1	0.23
B07	7	2.50	0	0.00	7	1.61
A05	46	16.43	74	48.05	120	27.65
A06	10	3.57	1	0.65	11	2.53
B11	0	0.00	36	23.38	36	8.29
B13	7	2.50	2	1.30	9	2.07
B14	85	30.36	0	0.00	85	19.59
A12	42	15.00	0	0.00	42	9.68
A07	0	0.00	2	1.30	2	0.46
总计	280	100.00	154	100.00	434	100

五、压力测试不充分

《理财新规》第四十六条规定，商业银行应当建立健全理财产品压力测试制度。从本书调研的结果来看，发现仅有 88 只结构性产品有明确的压力测试（见表 4-11），仅占 20.28%。

表 4-11　私人银行结构性产品压力测试调研结果　　单位：只

投资运作模式	是	否	缺	总计
封闭式非净值型	86	92	42	220
封闭式净值型	—	6	—	6
开放式非净值型	2	121	85	208
总计	88	219	127	434

　　注："是"表示结构性产品进行压力测试；"否"表示结构性产品没有进行过压力测试；"缺"表示缺少相关信息。

六、较少银行披露交易对手信息

　　《理财新规》规定，商业银行应该按照穿透原则对交易对手实施尽职调查和准入管理，设置适当的交易限额并根据需要进行动态调整。本书调研结果显示，商业银行面向私人银行客户发行的结构性理财均未披露交易对手信息（见表 4-12），约有 35.56% 的结构性存款没有披露交易对手信息。

表 4-12　结构性产品交易对手信息披露情况　　单位：只

是否披露交易对手信息	结构性理财	结构性存款	合计
披露交易对手信息	0	174	174
未披露交易对手信息	164	96	260
总计	164	270	434

第四节　其他值得关注的问题

一、商业银行内部风险评级的内涵不统一

　　商业银行结构性产品属于复合型金融工具，到期收益通过固

定收益工具与各类衍生金融工具组合而成。投资者对结构性产品的复杂性及风险程度缺少认知，所以需要商业银行给出明确的风险提示，其中重要指标就是产品风险等级，但各家商业银行风险等级的标识存在较大差异（见表4-13），是否每一层次具有相同的内涵，从调研的结果来看，无法给出准确的判定。

表4-13　结构性产品的内部评级标识

标识种类	内部评级风险等级标识	观测次数
第一类	1	71
	2	21
	3	1
	4	85
第二类	01 一级（低）	15
	03 三级（中）	36
第三类	2 级	1
第四类	3R	120
第五类	R3（平衡型）	20
第六类	P1	20
	P2	7
	P3	1
	P4 或 P5	2
第七类	PR2	11
	PR3（适中）	22
第八类	中低风险	2

二、结构性产品收益率与内部评级风险的匹配性

B03发行的2只结构性产品的内部风险等级为二级风险，预期最高收益率分别为5.7%和10.87%，但到期实际收益率分别为−21.37%和−87.59%，损失程度高于预期。

B01 发行的风险等级为低至中度风险的 6 只结构性产品，预期的最高收益率均超过 10%，平均水平为 P1（低度风险）的 2 倍以上。

A12 发行的 4 只风险等级为平衡型或风险适中的产品，预期最高收益率为 30%，预期最低收益率为 1%，与其他同等级产品的预期最高收益率 7.60%~9.36% 存在巨大差异，所以很可能存在内部评级不统一的现象。

三、商业银行私人银行结构性产品信息披露的专属渠道有待加强

私人银行客户的专属特征要求银行能够提供更加私密和及时的信息，但是根据相关资料，大部分结构性产品并没有采用客户专属渠道进行信息披露（见图 4-58）。商业银行应当充分利用专属渠道向私人银行客户提供更加及时的信息。

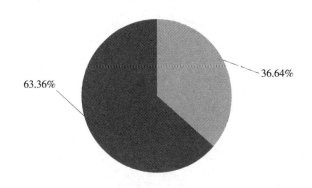

63.36%　36.64%

■ 采用客户专属渠道进行信息披露的私人银行结构性产品占比
■ 没有采用客户专属渠道进行信息披露的私人银行结构性产品占比

图 4-58　私人银行结构性产品信息披露渠道占比情况

资料来源：根据调研数据整理而得。

对于重要的客户类别，官网、中国理财网、客服热线和银行对账单等通用信息披露渠道不宜作为向私人银行客户提供信息的

主流渠道。如 A05 在某只产品说明书中提供了行权价、障碍价、参与率、预期最低收益率和预期超出收益率等结构性产品的重要参数，但同时声明银行有权单方面对上述产品的结构参数进行调整，并且只在门户网站、网上银行或银行营业网点进行公告。

银行需要重视私人银行客户的"专属"信息需求。私人银行客户的专属特征要求银行能够提供更加私密和及时的信息，但是相关资料显示，大部分结构性产品并没有采用客户专属渠道进行信息披露。从提供高质量的服务要求来看，商业银行应该充分利用客户专属渠道向私人银行客户提供更加及时的信息。

私人银行客户作为银行的重要客户，应该能够方便地获得结构性产品的专属信息，而不是普通渠道披露的一般信息，因此，商业银行需要增加客户专属信息渠道建设的投入。

第五章　代表性结构性产品发行银行的访谈

为获取结构性产品信息采集表和产品说明书这些书面文件之外的更多信息，课题组自 2018 年 6 月至 2018 年 11 月对 9 家具有代表性结构性产品的发行银行进行了实地访谈，该访谈历经制定访谈计划、拟定问卷、调研走访和访谈阶段性成果汇报，以及撰写调研报告等多个阶段。上海银行同业公会不仅负责调研单位的联系、时间协调等工作，还全程参与了 9 家银行的实地走访。上海市消费者权益保护委员会在调研计划制定和调研成果汇报的阶段均提供了有益的建议。

对商业银行的调研工作主要围绕产品风险评级、产品设计、资金投向与挂钩产品、产品的销售管理等维度展开，试图通过调研对当前结构性产品的市场竞争情况和未来发展趋势做出分析判断（见表 5-1）。

表 5-1　商业银行访谈的行程汇总

序号	调研对象	银行参与部门	调研日期
1	A05	资产管理部	2018-08-07
2	A06	上海分行相关负责人	2018-09-07
3	A08	产品部	2018-08-08
4	A09	财富管理部、金融市场部	2018-07-20
5	A12	财富管理部、财富产品室及结构性存款负责人	2018-07-25

序号	调研对象	银行参与部门	调研日期
6	A14	零售银行部、私人银行部、公司业务部	2018-07-23
7	B02	金融市场销售管理部	2018-09-04
8	B03	财富管理部	2018-09-04
9	B09	零售银行部、财富管理事业部	2018-09-05

第一节　代表性结构性产品的发行银行访谈的结果

商业银行的总行和分行在结构性产品管理上具有明确的职能分工。银行总行负责结构性产品的总体设计、投资管理和额度管理等。银行分行作为结构性产品的销售部门，主要负责结构性产品的推动方案拟定和推广、销售人员培训、产品解读等。

一、银行内部针对结构性产品风险的评级

商业银行对包含结构性产品在内的所有理财产品进行统一的风险评级。尽管每家银行的产品风险评级名称不同，但大致上都可以根据银行产品的潜在收益率和风险程度将理财产品划分为五级风险或六级风险。

1. 示例一：R1 级到 R5 级风险评级

以 A12 为例，该行风险评级从 R1 级到 R5 级，分别称为谨慎型、稳健型、平衡型、进取型和激进型。A12 发行的结构性产品以稳健型产品为主，占 70%~80%；平衡型产品占 10% 左右。此外，该行发行的谨慎型产品，保证本金但不保证收益；较少发行高风险产品，截至调研期结束，仅发行过一款激进型产品，为投资纯权

益类的产品。

2. 示例二: PR1 级到 PR5 级风险评级

以 A14 为例,该行的风险评级从 PR1 级到 PR5 级,分别称为保本型、稳健型、中等风险、较高风险及高风险。结构性存款主要归类为保本型产品,即保证本金和收益;其他具有挂钩标的的产品被归类为结构性理财,包括保证本金但收益浮动的结构性理财产品和不保证本金但收益浮动,或者保证部分本金但收益浮动的结构性理财产品。

3. 示例三: 1 级到 5 级风险评级

以 B09 为例,该行的风险评级从 1 级到 5 级。一款 6 个月美元结构性投资产品承诺持有至到期提供 95% 的本金保障,该投资产品的风险评级为 3 级风险。净值型产品多归类为 3 级风险。而风险评级为 4 级 ~5 级风险的产品则发行较少,其他银行也存在类似情况。如 A12 只有发行的部分私人银行产品的风险评级达到 4 级风险,A14 从未发行过风险评级为 4 级 ~5 级风险的理财产品。

4. 其他产品的风险评级

A05 发行的结构性产品,其风险等级是按底层资产划分的,风险由低到高划分为 1R 级到 6R 级,即极低风险、低风险、较低风险、中等风险、较高风险和高风险六大类。债券类信托资产一般划分为 2R 级风险,权益资产优先级(股权质押)一般划分为 3R 级风险,权益类资产一般划分为 4R 级风险。

A08 发行的结构性产品风险等级的划分依据主要取决于两点:第一,是否保证本金;第二,是否自销。结构性产品和其他理财产品的风险等级划分相同,结构性产品一般为 1 级风险或者 2 级风险;非保本理财产品一般为 3 级风险;代销产品一般为 4 级风险或者 5 级风险。

银行理财产品的内部风险等级评定示例如表 5-2 所示。

表 5-2　商业银行理财产品内部风险等级评定示例

风险等级	A12	A14	B09
1 级风险	R1 谨慎型	PR1 保本型	1 级低风险
2 级风险	R2 稳健型	PR2 稳健型	2 级低至中度风险
3 级风险	R3 平衡型	PR3 中等风险	3 级中度风险
4 级风险	R4 进取型	PR4 较高风险	4 级中至高风险
5 级风险	R5 激进型	PR5 高风险	5 级高风险

二、结构性产品分类

1. 结构性存款与结构性理财

根据商业银行自行填写的结构性产品调查统计表，在 9 家被访谈银行中，A06、A08、A09、A14、B03 共 5 家银行的结构性产品中包含结构性存款，其余 4 家被访谈银行的结构性产品中均无结构性存款（见表 5-3）。在包含结构性存款的 5 家银行中，A06、A08、A09、B03 把其结构性产品全部都归类为结构性存款。A14则把发行的保本浮动收益型结构性产品归类为结构性存款，把所有非保本浮动收益型结构性产品归类为结构性理财。

表 5-3　被访谈商业银行的结构性产品：按照是否包含结构性存款分类

分类	代表银行
调研统计产品含结构性存款	A06、A08、A09、A14、B03
调研统计产品不含结构性存款	A05、A12、B02、B09

2. 保证收益型、保本浮动收益型和非保本浮动收益型结构性产品

按照是否保证本金和收益，银行发行的结构性产品可以分为保证收益型结构性产品、保本浮动收益型结构性产品和非保本浮

动收益型结构性产品三种，如表 5-4 所示。

表 5-4　被访谈商业银行的结构性产品：按照是否保证本金分类

包含产品类型数量	产品类型	代表银行
一种类型	保证收益型	A09
	保本浮动收益型	A06、A08
	非保本浮动收益型	A05
两种类型	保证收益型、保本浮动收益型	B02
	保本浮动收益型、非保本浮动收益型	B03、A12、A14
三种类型	保证收益型、保本浮动收益型、非保本浮动收益型	B09

（1）保证收益型产品。在被访谈的 9 家商业银行中，只有 A09、B02、B09 发行保证收益型产品。

结构性产品均属于保证收益型结构性存款的为 A09。A09 所有结构性产品均为结构性存款，均为保证收益型产品，保证投资者的本金和收益。完全按照存款进行管理，缴纳存款准备金和存款保险费。

发行有两款保证收益型产品的为 B09。本书调研的对象为发行日或到期日在 2017 年 7 月到 2018 年 6 月的所有结构性产品，在这一调研期间，B09 发行的两款产品是保证收益型结构性产品，两款均为两年期人民币结构性投资产品，发行时间为 2017 年 6 月到 2018 年 2 月。这两款结构性产品都是开放非净值型，风险评级为 2 级风险，即为低至中度风险。

发行保证收益型保本投资系列产品的为 B02。B02 发行的保证收益型结构性产品，都属于保本投资产品（人民币）系列，挂钩标的均是汇率，风险评级都是 1 级风险，即低风险。

（2）保本浮动收益型。A08 发行的结构性产品均是保本浮动收益型。其中，大部分保本浮动收益型结构性产品的风险评级都属于2级风险，即中低风险，只有四款产品风险评级为1级低风险。这四款产品归属于同一产品系列，均为开放式非净值型，但期限各不相同。

A14发行的保本浮动收益型产品都属于同一系列。其全部挂钩"美元3个月LIBOR"，风险评级大部分为PR1级风险，即保本型。其中，利率结构（美元保本）01款、利率结构（美元保本）02款、利率结构（美元保本）03款三款产品的风险评级为PR2级风险，即稳健型。利率结构（美元保本）04款产品的风险评级为PR3级风险，即中等风险。

B02发行的保本浮动收益型产品如表5-5所示。挂钩标的包括汇率、基金、股票/指数和利率，均属于封闭式非净值型产品。

表5-5 B02发行的主要保本浮动收益型产品系列

产品系列	挂钩标的
B02-01款保本浮动收益型投资产品	汇率
B02-02款保本浮动收益型投资产品（人民币）	基金
B02-03款至B02-07款保本浮动收益型投资产品（人民币）	股票/指数
B02-08款保本浮动收益型投资产品（人民币）	利率

B03发行的保本浮动收益型结构性产品均是人民币结构性理财产品，几乎都挂钩利率——"美元3个月伦敦银行同业拆放利率"，风险评级为一级风险，即为低风险。唯一例外的只有保本型结构性投资产品系列中某款与指数挂钩的1年期人民币的结构性理财产品，挂钩标普500指数，风险评级为二级风险，即低至中度风险。B09和A06发行的保本浮动收益型结构性产品，银行内部的风险评级都是二级风险。

（3）非保本浮动收益型。A05针对普通客户发行的非保本浮动收益型结构性产品，银行内部的风险评级都是2R级风险。A12针对普通客户发行的非保本浮动收益型结构性产品,银行内部的风险评级均属于 R2 级风险,即稳健型。A14 发行的非保本浮动收益型结构性产品,银行内部的风险评级属于 PR2 级风险,即稳健型。

B03 发行的双币种系列结构性产品,银行内部的风险评级都是二级风险,即低至中度风险。B09 发行的非保本浮动收益型结构性产品,银行内部的风险评级均为三级风险,即中度风险。

三、结构性产品的资金投向与挂钩产品

结构性产品的风险、收益等与挂钩产品、资金投向直接相关。A05 的结构性理财产品一般都是一层嵌套,资产管理产品投资于资产管理产品,而被投资的资产管理产品只能投资于基础资产或者公募基金。资产管理产品和资产管理计划的区别在于发行主体的不同,资产管理产品大多指的是银行的理财产品,而资产管理计划则是指证券公司、证券子公司、基金公司和基金子公司发行的产品。A05在产品运作的过程中,结构性理财产品的投资挂钩标的与实际投资相符。

A09 由于发行的结构性产品全部归属于结构性存款,吸收的资金主要投资于低风险资产,如央行票据、国债和金融债等。结构性存款产品的收益率与传统非保本浮动收益类产品相比偏低。而过去结构性产品募集的资金则多投资于房地产项目、并购基金和实业企业等投资风险高、收益也相对较高的领域。

A12 产品设计追求稳健,投资策略以保本金为主,因此,结构性产品主要是风险为 R2 级,即稳健型的产品。衍生品交易主要采用期权交易,通过向国内证券公司和投资银行询价,选择较低的报价。如果不能行权,银行将损失期权费,客户只能保本金或获得年化收益率为 2% 之类相对较低的收益。

A14 结构性存款主要挂钩美元 LIBOR 等。结构性理财产品主

要挂钩黄金、沪深 300 指数和海外基金等。具体而言，A14 资产管理中心会根据当前的市场情况及预期，决定结构性产品挂钩标的的选择。资金投向主要以结构性产品的收益部分投资衍生金融产品。A14 每月推出 1~2 款结构性产品。目前结构性理财产品主要作为《资管新规》出台后提供给客户的过渡性选择产品。A14 表示未来短期产品的发行会逐步减少，额度也会逐步下降。

四、结构性产品的销售管理

1. 销售渠道

商业银行向金融消费者提供包括柜面、网银和手机银行等多元化的购买渠道。在银行柜面购买结构性产品的以老年人居多。个别银行还向一些单位提供上门服务，服务意识较强。

根据 A14 近年的一项调查，包括网上银行、手机银行在内的电子银行渠道和网点自助渠道在内，上述渠道交易笔数占总量的 90% 以上。当前银行网点的智慧终端交互更为有效，操作非常便捷，使得上述渠道交易笔数的占比较高。

2. 投资者风险测评

根据监管机构的规定，不同风险评级的产品，只能销售给对应风险承受能力评级及以上的投资者。商业银行每年对结构性产品的金融消费者做一次风险测评，以确定客户的风险偏好和风险承受能力，从而推荐合适的结构性产品。客户完成风险测评后，银行系统通常会自动认定投资者的风险偏好情况。投资者风险测评有效期限为 1 年，到期后需要重新评估。如果客户主动发起新的风险测评，也可以随时进行新的测评，手机银行等线上渠道就可以完成风险测评。为了避免客户选择超出自身风险承受能力的高风险高收益结构性产品，银行严格规范结构性产品的销售流程，要先了解客户的风险测评等级后，再推介与之相适应的结构性产品，避免导向性语言。例如，A14 表示，由于老年人对产品风险水平的理解能力有限，在实务中，其产品销售人员尽量避免向老年人推介高风险的理财产品。

A12 对所有购买结构性产品的客户都进行了投资者风险评估。此外，购买结构性理财产品的客户，还要专门根据"某系列评估表格"做风险测评。相关风险测评有效期为 1 年，一旦客户的资产发生重大变化，还要对客户进行新的评估。客户在首次做风险评估时，必须在银行柜面工作人员的指导下进行。客户后续可以在手机银行等线上渠道自主完成相关测评。

五、结构性产品的信息披露

商业银行对在售产品的信息披露相对较为完备，对于正在资金募集期或即将发行的产品，以及投资者已经购买的产品，能够充分披露结构性产品的重要信息，具体内容如表 5-6 所示。

表 5-6 结构性产品信息披露的内容

销售阶段	结构性理财产品销售前	结构性理财产品销售后
信息内容	√ 《理财产品销售协议书》 √ 《产品说明书》	√ 理财计划成立或不成立 √ 理财计划到期或自动终止 √ 对理财计划本金及理财收益有重大影响的重要信息
信息内容	√ 《风险揭示书》 √ 《客户权益须知》	√ 产品存续期内投资范围、投资品种或投资比例调整 √ 产品存续期内收费项目、收费条件、收费标准和收费方式调整 √ 《产品说明书》修订内容

1. 销售前信息披露

投资者购买结构性产品前，商业银行会向客户提供《理财产品销售协议书》《产品说明书》《风险揭示书》和《客户权益须知》等相关销售文件，客户必须阅读并签署《风险揭示书》，阅读《产品说明书》和《客户权益须知》，阅读并签署《理财产品销售协议书》，才能完成整个销售流程。如果在营业网点销售，客户经理为客户介绍产品，揭示风险的全过程都需要录音录像。在网站或电话银行等线上渠道也需要遵循较为详尽的流程规范。

2. 销售后信息披露

第一，募集期结束后，无论结构性产品因未达到银行规定的最低资金规模而未能按计划成立，还是如期成立，商业银行通常都会在官网渠道及时发布理财计划成立与否的信息。

第二，在结构性产品存续期内，当产生对理财计划本金及收益有重大影响的重要信息，或当银行调整投资范围、投资品种或投资比例时，抑或调整收费项目、收费条件、收费标准、收费方式、修订《产品说明书》时，银行都要及时发布相关信息。

第三，结构性产品计划到期或自动终止时，银行会提前若干工作日发布相关信息。如 A12 会在理财计划重要内容变更前两个工作日在官网发布相关变更信息。

对于客户比较关心的结构性产品实际收益率等重大信息，除了在银行官网披露以外，通常也会以短信通知、客户经理电话等形式，确保信息送达每一位客户。账户余额提示功能也会及时提示客户结构性产品资金进账的余额情况。

例如，对于目前在售产品，A12 的客户可登录网上银行查询所有购买的结构性产品相关信息。产品销售结束后，曾经购买过该产品的客户也能看到该产品的信息。结构性产品成立后，其挂钩标的、结构和收益公告都会公布。

第二节　结构性产品涉及的关注点

一、商业银行内部风险评级的名称不统一

不同银行内部的风险评级方式具有一定的差异性。即使是同一等级的风险评级，不同银行之间也不可以简单比较。

一方面，不同银行间（如中外资银行间）内部的风险评级方式不同。例如，同样是保证收益型结构性产品，A09 和 B02 的风险评级都是 1 级风险，即低风险，而 B09 的两款保证收益型结构性产品，银行内部风险评级为 2 级，即低至中度风险。

另一方面，在同一银行内部，不同类型的结构性产品风险评级却相同。例如，B09 风险评级都是 2 级风险（低至中度风险）的产品中，既有保证收益型结构性产品，又有保本浮动收益型结构性产品。同一风险评级，涵盖产品范围较大。

二、结构性存款定义有待明晰

在商业银行内部管理中，归类为结构性存款的结构性产品，既有像 A09 全部归类为"保证收益型"；也有像 A14 把保本浮动收益型结构性产品按照结构性存款进行管理，把非保本浮动收益型结构性产品按照结构性理财进行管理；又有像 B03 将结构性存款同时按"保本浮动收益型"和"非保本浮动收益型"结构性产品进行管理。这反映了银行内部在对结构性产品定性和管理时，由于缺乏明晰的监管要求和政策执行的依据，导致各家银行管理不统一。对于存款产品，消费者一般的认知是存款保证本金和收益，

或者至少保证本金。银行对结构性存款的归类不清，会导致金融消费者在购买结构性理财产品时，出现认知偏差，这可能导致金融消费者在对投资风险进行有效识别和评估方面出现困难。

三、产品设计方面的关注点

1. 产品设计有一定复杂性

同一银行同一系列的产品，设计的产品归属类型、挂钩标的都不同。例如，B09 发行的同一系列产品中，两年期人民币结构性投资产品 008 款，属于开放式非净值型和保证收益型；两年期人民币结构性投资产品 001 款，属于开放式非净值型和保本浮动收益型，且两款产品分别挂钩不同标的。

2. 结构性产品预期高收益的获得期限有限

某中资银行曾发行一款挂钩中证 500 指数的结构性非保本理财产品，根据计划说明书，若在第 i（i=1~5）个观察日，中证 500 指数的观察价格（i）高于或等于触发价格（中证 500 指数期初价格的 100%），则当日发生触发事件，理财计划于对应的自动终止清算日提前终止。2018 年某月某日是这款产品设置的第一个观察日，由于在这一观察日中，中证 500 指数的观察价格高于期初价格，触发事件发生，理财计划于 2 天后提前终止。购买该款理财产品的投资者，虽然能获得 6.5% 的年化收益率，但获得期限仅为 30 天，而并非产品起初设定的 182 天。尽管理财计划书对投资收益率的计算方法是明确列明的，但如果没有专业人员的解释说明，投资者也未必能充分理解收益率实现的相关专业条款。

3. 投资者的议价能力有限，合同解除成本较高

一些结构性产品说明书显示，尽管投资者能在重大信息变更前提前两个工作日了解结构性理财计划的变更情况，但是，很多结构性理财产品是不允许提前赎回的，部分产品虽然允许提前赎回，但一些保本保收益的结构性理财产品，银行明确指出在提前赎回情形下，银行不再保障本金和收益。因此，信息的提前告知仅提供了知情权，在风险和收益有重大变化的情形下，投资者并不能因此自由调整自身的投资决策。一旦购买了银行的结构性理财产品，投资者的议价能力是非常有限的，解除合同的成本较高。

四、信息披露方面的关注点

第一，相对于销售中的产品信息披露较为完备，银行对于历史产品的信息披露则仍有提升空间。银行网站上包括结构性产品在内的理财产品信息，其网站首页往往是发售中或即将发售的产品信息，历史产品信息则需要消费者不断点击"上一页"进行搜寻。相对来说，搜索时间成本较高。建议在搜索界面提供更为细致的搜索选项，为消费者查询历史数据提供便利。

第二，产品提前终止的说明内容有待进一步明确。以在信息披露方面做得较好的 A12 为例。在本次访谈初期进行信息收集时，A12 方面表示产品说明书只能通过银行内部网站登录后才能查阅，不向社会公众提供。因此，在课题组实地访谈时，该行提供了《理财计划说明书》的打印版本，在二次资料补充时，又提供了《理财计划说明书》的电子版本。就在 2018 年 11 月撰写访谈报告时，课题组发现已经可以在该行官网上公开查阅到各款结构性理财产品的《理财计划说明书》。可见，A12 能够及时响应社会公众对信息披露的诉求。需要引起关注的是，部分信息披露的内容和范围仍有待进一步明确，如产品提前终止的说明内容不够明确。某款挂钩中证 500 指数的结构性非保本理财计划"提前终止及收益兑付公告"，仅说明该理财计划将于"2018 年某月某日提前终止"，同时公告了每单位产品收益的详细情况，包括单位金额、理财期限、实际收益率、计息方式、每单位收益等。但并未说明提前终止的原因。通过查阅该款产品《理财计划说明书》，可以知晓这款产品是因为发生产品说明书中所列示的触发事件而提前终止。如果银行能够对提前终止的原因也一并公告，无疑能更好地满足公众对信息的知情权。

投资者在购买结构性产品前对已发行的产品信息进行必要的了解有助于其充分认识产品的风险和收益等情况。而投资者查阅历史产品信息主要可以通过中国理财网和各银行官方网站。中国理财网的信息披露较为有限，主要包括预售、在售和存续期的理财产品相关信息。

如果潜在客户无法在实际投资前，通过在诸如银行网站等公开渠道查阅理财产品说明书等相关资料，那么客户就无法在投资前充分了解已发行类似产品的实际收益等情况，这无疑降低了投资者对结构性产品投资的风险和收益的准确认识，不利于投资者做好个人风险管理。

第三节　监管协调与银行诉求

在访谈中，各家银行都表示积极执行资产管理的新政策，也提出了在执行《资管新规》过程中遇到的一些困惑，对监管和行业发展提出了一些诉求。

一、监管协调

第一，转变管理口径，保本型结构性产品向结构性存款积极转型。为满足《资管新规》打破刚兑要求，某全国性股份制商业银行将所有保本型结构性产品全部更名为结构性存款。另一全国性股份制商业银行，则是将其所有结构性产品（全部为结构性存款）的管理口径从负责理财产品的资产管理部下设的产品部，转移到了交易银行部，即作为表内业务进行管理。

第二，相应调整产品设计，积极推广净值型结构性产品。银行认为《资管新规》出台后，净值型结构性产品因为符合监管要求，将是未来理财产品市场发展的趋势所在。某股份制商业银行零售银行部的销售管理人员表示，《资管新规》出台前，净值型产品因为其本金和收益均无保障，银行在进行市场推广时，难度较大，推出频次较低，如半年开放销售一次。现在则每周、每日开放销售，销售规模逐步扩张。与此同时，结构性理财产品不能再承诺保障本金和利息，相关客户群和发行量都在逐步萎缩。另一股份制商业银行也在《资管新规》出台后，发行了净值型、非保本型的系列产品，主要投资于债券且基本停止发行期限较短的结构性产品。对于银行理财市场产品结构的这一调整，上述银行表示，此类产品与基金产品相比较，收取费用更少，客户更容易接受。市场反应从怀疑观望到逐步接纳，流失的资金又逐步回流。

第三，完善销售管理和投资者风险教育。银行认为未来结构性业务主要面向零售客户，包括普通个人投资者和私人银行客户，净值型产品的推出对零售客户的影响较大。一是净值型产品的费用收取会更为烦琐；二是净值型产品净值的波动范围会更大。在产品实际收益率与客户预期收益率出现较大偏离，且客户自担风险的情形下，投资者是否能够充分适应此变化，亟待关注，银行销售管理人员和客户都要主动适应这些变化。某股份制商业银行销售管理人员表示，在《资管新规》过渡期，银行对客户的教育成本很高。目前在销售时，主要采取陈述方式，清楚地说明本款结构性产品最低预期收益率是多少、最高预期收益率是多少等，由客户根据自身的风险承受能力和收益期望值进行选择。同时银行也在着力加强对客户树立风险意识的教育，告知客户当前理财产品打破刚兑的监管要求，引导客户合理进行资产配置。

第四，在产品设计时，资金募集与资金投向的期限匹配。《资管新规》对银行理财产品管理提出了新的要求，如要求资金募集与资金投向的期限匹配等。银行也在积极适应这一监管要求。以某股份制商业银行产品的设计为例，首先，该行上海分行金融市场部门寻找合适的资金投向；其次，上海分行通过对资金投向的授信审批和风险评估后，上报总行；最后，总行负责安排合适的理财产品，以获取可投资的资金。《资管新规》的出台，积极助推银行基于不同资产项目，创设新的理财产品，做到理财产品的设计和资金运用的对应，实现项目的个性化。

第五，外资银行结构性产品的市场规模有限。当前，因为外资银行客户群有限，结构性产品发行的份额本身就较小。部分外资银行境内无零售业务，只做私人银行客户、机构客户和金融同业客户的业务。外资银行在境内的业务特色更多体现在定制化上，发售的结构性产品具有很大的灵活性，主要是一对一的服务，其定制化体现在投资期限上。外资银行不具有中资银行在存贷款方面上的优势，其他业务的占比更大，外资银行的业务优势更多体现在债券、股票和期货等业务方面，此类业务开展受限于相关监管要求的限制。有的外资银行的衍生品交易主要是通过总行渠道，依赖与母公司平盘交易，该类交易会挤占外汇额度，总额度又相对较低。

二、商业银行的诉求

1. 中资银行的主要诉求

一方面，银行总行独立成立理财子公司后的授信问题亟须解决。另一方面，《资管新规》实施后，部分保本结构性理财产品转变为结构性存款后，由于没有登记理财产品编码，监管"真空"

的可能性需要引起关注。

2. 外资银行的主要诉求

考虑到客户群规模无法与中资银行相比，外资银行理财业务规模扩张存在较大的局限性，与中资银行相比在理财业务规模上存在劣势，外资银行希望可以在专项业务上"做大做深"，在跨境业务和海外客户群体上体现出竞争优势。此外，部分外资银行对《资管新规》的具体执行还存在一些疑问。

第一，按照《资管新规》及相关监管规定，挂钩双货币期权的这类结构性产品是纳入结构性存款管理范围，还是纳入非保本系列产品管理范围？

第二，是否可发售 80% 或 90% 保本的结构性存款？

第三，目前中国发行结构性产品类型较为单一、风险较小，是否有可能向客户推介挂钩标的更多元、收益结构更丰富的结构性产品？

第四，境外基金业务的操作存在一定程度的争议。例如，某外资银行表示，其现有 QDII 投资额度 2 亿美元，银行自身也具备相应的专业管理能力，但是，产品开发受限于单只基金持有境外基金的市值不得超过基金净值的 10% 这一规定，业务扩张能力受限。

第六章 商业银行结构性产品的金融消费者调研

为进一步了解金融消费者对商业银行结构性产品的认知和购买情况，以及《理财新规》对消费者可能产生的影响，课题组在上海市消费者权益保护委员会的倡议和上海市银行同业公会的协助下，通过 16 家商业银行对结构性产品的金融消费者进行了问卷调研，调研回收有效问卷共计 549 份。调研问卷设计了有关消费者对相关结构性产品的认知、消费者对结构性产品挂钩标的的了解与关注情况、消费者的投资偏好情况，以及消费者对结构性产品信息披露关注的情况共四个方面的 10 个问题。

第一节 调研结果

一、金融消费者对有关结构性产品的认知

调研问卷的第一题"您是否从商业银行购买过结构性产品？"主要分析的是目前市场上金融消费者购买商业银行结构性产品的现状，由调研结果可知（见图 6-1），约有 70% 的消费者曾从商业银行中购买过结构性产品，30% 的金融消费者没有购买过商业银

行结构性产品的经历。表明目前市场上已经有较多金融消费者选择投资购买结构性产品，结构性产品的普及度还是较广的。

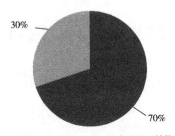

30%

70%

■ 购买过结构性产品的消费者占比 ■ 没有购买过结构性产品的消费者占比

图 6-1　被调研者购买结构性产品的经历占比情况

资料来源: 根据调研数据整理而得。

调研问卷的第二个问题"您认为您所购买的结构性产品，是一种存款产品还是理财产品？"大多数消费者认为结构性产品是一种理财产品，但仍有 17% 的消费者以为这是一种存款，并且有 13% 的消费者不清楚这是一种什么产品，证明了盲目购买的现象依然存在，如图 6-2 所示。

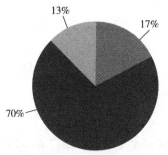

13%　　　　　17%

70%

■认为是理财产品的消费者占比　　■认为是存款的消费者占比
■不知道的消费者占比

图 6-2　消费者对已购买的结构性产品类型的了解情况占比

资料来源: 根据调研数据整理而得。

调研问卷的第三个问题"如果有一种产品名称带有'存款'

的字眼，但不一定保本，这是否会让您感到困惑？"从调查的结果
中可知，76%的消费者依然会对有"存款"字样的产品不保本的
现象存有一定的疑虑（见图6-3）。虽然在国外结构性存款可以不
保本金，但在我国的市场环境中，金融消费者还是存在存款一定
要保本金的认知。

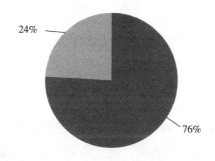

■ 消费者对"存款"产品不保本金有疑惑的占比
■ 消费者对"存款"产品不保本金没有疑惑的占比

图6-3　金融消费者对存款不保本金是否存有疑惑的占比

资料来源：根据调研数据整理而得。

二、金融消费者对结构性产品挂钩标的的了解与关注情况

调研问卷的第四个问题"对下列结构性产品的挂钩标的的市
场行情，您较为熟悉的有（可多选）？"从调研的结果来看，在熟
悉挂钩标的的消费者中，排名前三的分别是利率、股票/股指和汇
率，这三者分别占比为57.27%、52.49%、42.30%，此外，熟悉黄
金的金融消费者比例略低于熟悉汇率的，为40.13%，27.33%的金
融消费者熟悉基金，仅有17.14%的金融消费者熟悉商品（原油等）。
从中可以看出，在结构性产品的各类挂钩标的中，人们更熟悉基
础类的金融资产，如图6-4所示。

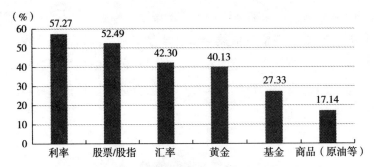

图6–4　金融消费者熟悉的挂钩标的种类占比情况

资料来源: 根据调研数据整理而得。

此外，在研究第四个问题"对下列结构性产品挂钩标的的市场行情，您较为熟悉的有？"时，我们统计了每位受访者的答案个数。从调研的结果可以看出，71%的金融消费者熟悉1~3个结构性产品挂钩标的的市场行情，13%的金融消费者熟悉4个以上结构性产品挂钩标的的市场行情，仅有4%的金融消费者熟悉6个结构性产品挂钩标的的市场行情，16%的金融消费者1个结构性产品挂钩标的的市场行情都不熟悉，如图6–5所示。

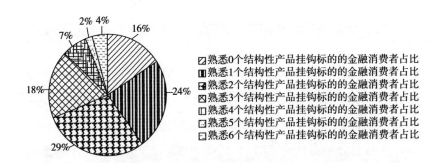

图6–5　金融消费者熟悉的结构性产品挂钩标的的个数占比情况

资料来源: 根据调研数据整理而得。

调研问卷的第五个问题"您是否会去了解、跟踪您购买的结构性产品的收益如何与挂钩标的的市场表现相联系？"的调查结果可以看出，有60%的金融消费者了解、跟踪自己所购买的结构性产品的收益如何与挂钩标的的市场表现相联系，但依然存在高达40%的金融消费者不会关注挂钩标的的市场表现，这类金融消费者的主动性较差（见图6-6）。

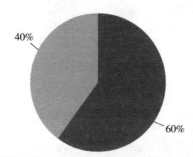

■ 金融消费者了解产品收益与挂钩标的的市场表现占比
▨ 金融消费者不了解产品收益与挂钩标的的市场表现占比

图6-6　金融消费者是否了解产品收益与挂钩标的的市场表现的调研结果占比情况

资料来源：根据调研数据整理而得。

三、金融消费者的投资偏好情况

调研问卷的第六个问题"对于带有区间收益率的结构性产品，下列因素您最看重的是？"的调研结果可以看出，超过一半的金融消费者关注是否保本金这个问题，28%的金融消费者关注结构性产品预期最低收益率，23%的人关注结构性产品历史实际收益率，20%的金融消费者关注结构性产品的挂钩标的，对发行银行方面是关注人数最少的，占比只有12%，这在一定程度上体现了金融投资者的投资是基于其对银行这一行业的整体信任的基础上进行结构性产品消费的，如图6-7所示。

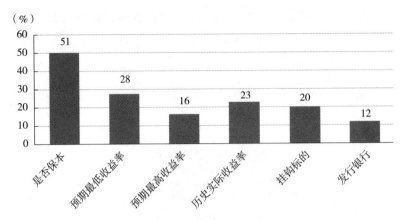

图 6-7　金融消费者对带有区间收益率的结构性产品的注重因素

资料来源: 根据调研数据整理而得。

　　调研问卷的第七个问题"您是否会投资非保本型结构性产品?"的调研结果可以看出,虽然金融消费者特别关注是否保本金,但仍有 68% 的金融消费者会投资非保本型结构性产品,说明非保本型结构性产品被接受度还是较高的,中国商业银行理财产品市场打破刚性兑付有其市场基础,如图 6-8 所示。

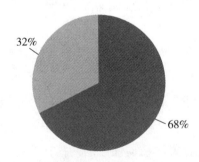

■ 金融消费者会投资非保本型结构性产品占比
■ 金融消费者不会投资非保本型结构性产品占比

图 6-8　金融消费者是否投资非保本型结构性产品的调研情况占比情况占比

资料来源: 根据调研数据整理而得。

四、金融消费者对信息披露的关注情况

调研问卷中有关信息披露的问题主要集中于资金投资方向和产品风险披露两个方面。

调研问卷的第八个问题"对于保本型结构性产品，您是否关注所购买产品的资金投向？"及调研问卷的第九个问题"对于非保本型结构性产品，您是否关注所购买产品的资金投向？"的调研结果可以看出，无论是保本型结构性产品还是非保本型结构性产品，大部分金融消费者都会关注结构性产品的资金投向。在保本型结构性产品的投资者中，关注资金投向问题的占比为67%（见图6-9），在非保本型结构性产品的投资者中，关注资金投向问题的占比为85%（见图6-10），投资于非保本型结构性产品可以提升投资者的参与性。

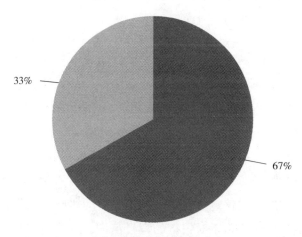

■ 金融消费者关注资金投向占比
▓ 金融消费者不关注资金投向占比

图6-9　购买保本型结构性产品的金融消费者是否关注资金投向占比情况

资料来源：根据调研数据整理而得。

113

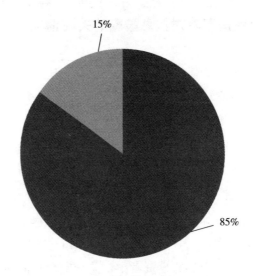

图 6–10 购买非保本型结构性产品的金融消费者是否关注资金投向占比情况

资料来源: 根据调研数据整理而得。

　　调研问卷的第十个问题 "除了银行销售人员在跟您介绍结构性产品并提示风险之外,您是否还会阅读产品说明书、产品公告等信息,并对不清楚的地方进行提问?" 的调研结果可以看出,除了银行销售人员介绍结构性产品并提示风险之外,有 76% 的金融消费者会阅读产品说明书、产品公告等信息,并对不清楚的地方进行提问,但是还是有高达 24% 的金融消费者不会关注除了提示性风险之外的产品信息。这类金融消费者的风险非常大,他们的主动性不强,或是基于对银行的盲目信任,或是对产品各类信息均不关注。结构性产品本身就较为复杂,除理财人员的介绍外,产品说明书和产品公告是最直观、最基本的信息披露渠道,投资者应该在投资过程中对结构性产品进行全方位的了解,如图 6–11 所示。

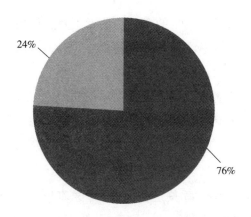

■ 金融消费者查阅资料并提问的占比
■ 金融消费者不查阅资料并不提问的占比

图 6-11 金融消费者是否查阅资料并提问的调研情况占比

资料来源：根据调研数据整理而得。

第二节 调研发现

一、大部分金融消费者具有结构性产品的购买经历，并了解其购买的是理财产品

调研结果显示，70% 的金融消费者购买过结构性产品，并且大部分金融消费者清楚地知道其购买的结构性产品非存款产品，而是理财产品。

二、金融消费者对结构性产品挂钩标的的认知有限

商业银行现已发行的结构性产品的挂钩标的十分丰富，即使按大类统计，也有 7~8 个，但大部分金融消费者只了解 1~3 个挂

钩标的的市场行情，16% 的金融消费者不熟悉任何挂钩标的的市场行情。如果面对不熟悉的市场就直接投资，金融消费者很容易盲目跟风、随意做出选择，最终导致自身利益的损失。商业银行应该加大对消费者有关结构性产品基础知识的普及，加强金融消费者对结构性产品挂钩标的的关注度，提高金融消费者参与的主动性。金融消费者自身也应该有所警醒，维护自身的权益。

三、金融消费者关注产品是否保本问题，但仍会购买非保本型结构性产品

对于带有区间收益率的结构性产品，依然有超过一半的金融消费者关注其是否保本金的问题，即便这样还是有大部分金融消费者会购买不保本金的结构性产品。商业银行结构性产品打破刚性兑付具有一定的市场基础。

四、非保本型结构性产品有助于提高金融消费者的主动性与参与度

无论结构性产品是否保本金，大部分金融消费者都会关注购买结构性产品的资金投向，并且会主动了解所要购买结构性产品除风险外的其他信息。但相对而言，购买了非保本型结构性产品的金融消费者会更加关注结构性产品的资金投向。

第七章　调研的总体结论

第一节　商业银行结构性产品的总体情况

根据本书调研的目的和调研的内容，课题组设计了结构性产品信息的采集表，发放给各相关商业银行进行填报。课题组累计收集到 14000 余条结构性产品的信息，根据本书研究的范围和对产品信息的质量进行筛选后，最终入选样本为 2017 年 7 月 1 日至 2018 年 6 月 30 日发行或到期的上海市场 28 家商业银行自行设计、面向个人客户销售的 7760 只结构性产品。

从发行的银行来看，外资银行 14 家，中资银行 14 家。

从发行的对象来看，面向普通客户发行的结构性产品 7326 只，占全部样本的 94%，面向私人银行客户发行的结构性产品 434 只，占比为 6%。

从募集的币种来看，人民币结构性产品占主导，占比达 92%，外币结构性产品占比为 8%，主要为外资银行所发行。

从产品发行的趋势来看，2018 年 2~5 月，结构性产品发行数量经历了较快的上升期，自 2018 年 6 月开始，结构性产品发行数量开始"降温"。

第二节　商业银行结构性产品市场发展的积极方面

一、结构性产品收益区间收窄，收益实现程度提高

本书调研的结构性产品的平均收益区间（预期最高投资收益率与预期最低投资收益率之差）为 3.8%，与 2017 年调查的结果相比，收窄了 1.1%。在能够计算收益实现程度的 3009 只结构性产品中，2249 只产品实现了预期最高收益率，占比高达 74.7%，与 2017 年调查的结果相比，提高了 42%。在本书调研的结构性产品中，实际收益率为最低预期收益率的仅占 3.8%，与 2017 年调查的结果相比，降低了近 30%。

二、结构性产品的主要挂钩标的与金融消费者认知一致

本书结构性产品的调研结果显示，结构性产品挂钩标的数量排名前三的依次是指数、汇率和利率；在对金融消费者的调研中，金融消费者最熟悉的三类挂钩标的分别是利率、股票 / 股指、汇率，两者较为一致。

第三节　结构性产品的新规适应性问题

一、结构性存款与结构性理财的分类存在较大差异

《理财新规》规定，只有非保本型结构性产品才是结构性理财，保证收益型和保本浮动收益型结构性产品应该按照结构性存款进行管理。但是，由于目前仍在《理财新规》的过渡期内，在各家银行的实际操作业务中，结构性产品分类没有明确的标准，尤其是对结构性存款的划分方式差异较大。根据各家银行上报的信息采集表，面向普通客户发行的结构性产品中有52%属于结构性存款，然而课题组在将信息采集表与产品说明书进行比对后发现，银行自报的产品类型信息与产品说明书的表述内容存在较多不一致的情况，有些结构性产品自行申报为"结构性存款"，产品说明书却又称其为"非存款"，但本金又作为存款统一管理。有些结构性产品自行申报与产品说明书均明确说明其是投资（理财）产品，但投资本金却像存款一样受存款保险和其他相关保障机制的保障。

在与商业银行的访谈过程中也发现，银行内部对结构性存款的管理也各不相同。A09把"保证收益型"结构性产品全部归类为结构性存款；A14把保本浮动收益型结构性产品按照结构性存款管理，把非保本浮动收益型结构性产品按照结构性理财管理；B03的结构性存款同时包括"保本浮动收益型"和"非保本浮动收益型"。这些现状反映了银行内部在对结构性产品进行定性和管理时，因缺乏明晰的监管要求和政策执行依据，各家银行的做法并不统一。

结构性存款和结构性理财分类不清，会引发诸多问题。

第一，部分结构性存款有名无实，仅对原有保本型结构性理财产品进行名称变更，以存款方式进行管理和销售宣传，但却并未缴纳存款准备金和存款保险费，这种做法只是减轻了银行的义务，却不利于金融消费者的权益保护。

第二，部分结构性存款虽然按照理财产品的流程进行销售，但投资者拿到的是存单而非产品销售合同，相关信息披露较少，无理财登记编码，无法通过中国理财网进行信息查询，对其投资的过程可能存在监管"真空"，尤其是无法确保衍生产品交易部分按照衍生产品业务的规则管理，不能确定是否具有真实的交易对手和交易行为。

第三，部分结构性存款不保本金，结构性存款收取托管费和管理费等各项费用。对于存款产品，金融消费者一般的认知是存款保证本金和收益，或者至少保证本金，存款不收取费用。银行对结构性存款与普通存款的界定不清，会导致金融消费者购买结构性存款时，出现认知偏差，不利于金融消费者对相关风险的识别和评估。

第四，部分结构性产品在产品说明书中明确陈述"本产品并非银行存款"，但同时又表明"客户的所有投资本金将存放于银行，由银行资产负债部统一管理"，这种"资金池"管理的做法难免违背"每只理财产品单独管理、单独建账和单独核算"的嫌疑，存在刚性兑付的可能。

第五，部分结构性产品，银行自行申报表和产品说明书均明确说明其不是结构性存款，但其投资本金却受存款保险和其他相关保障机制的保障，这有悖于《存款保险条例》规定的使用用途。

二、大量保本型结构性产品向结构性存款的转变有待完成

《理财新规》第三条规定，理财产品只能是非保本产品，其第七十五条规定保本型结构性产品需要按照结构性存款进行管理。在面向普通客户发行的结构性产品中，非保本浮动收益型结构性产品仅占全部结构性产品的 27%。虽然银行自行申报信息显示 52% 的结构性产品为结构性存款，但课题组发现很多自称为结构性存款的结构性产品，其产品说明书明确说明为结构性理财或结构性投资，或仅是名称上的转变，实际上尚未按照规定缴纳存款准备金和存款保险，未计提资本和拨备，因此保本型结构性产品向结构性存款的转变仍然任重道远。在面向私人银行客户发行的产品中，非保本浮动收益型结构性产品占比较高，达到 69.82%，转型压力较轻。

三、较少银行披露了交易对手信息

《理财新规》第四十五条规定，商业银行应该按照穿透原则对交易对手实施尽职调查和准入管理，设置适当的交易限额并根据需要进行动态调整。其第七十五条规定衍生产品交易部分按照衍生产品业务管理，应该具有真实的交易对手和交易行为。在本书调研的 28 家银行中，只有 9 家银行对有关交易对手的信息进行了披露，且均为单一交易对手，集中度风险较高。

四、较少银行实施了产品压力测试

《理财新规》第四十六条规定，商业银行应当建立健全理财产品的压力测试制度。以往商业银行只需以银行整体为对象，进行

全行范围内的压力测试，理财产品压力测试是全新的要求和挑战。从本书调研的结果来看，调研的 28 家发行结构性产品的商业银行中，只有两家自行申报实施了产品压力测试，分别是 B06 和 B12，明确提出未实施产品压力测试的银行有 B01、B05、B08 和 B13 共 4 家，其他银行未披露相关信息。

五、较少结构性产品实现了净值型转变

《理财新规》第十九条规定："商业银行开展理财业务，应当按照《企业会计准则》和《指导意见》等关于金融工具估值核算的相关规定，确认和计量理财产品的净值。"根据本书调研的数据，面向普通投资者发行的 7326 只结构性产品中，仅有 70 只封闭式净值型结构性产品。依据《理财新规》规定，应该向净值型转变的非保本浮动收益型结构性产品有 1983 只，但目前只有 4 只是封闭式净值型结构性产品，无开放式净值型结构性产品。面向私人银行客户发行的 434 只结构性产品中，只有 6 只为封闭式净值型结构性产品，均为保证收益型结构性产品，即非保本浮动收益型结构性产品均尚未进行净值型转变。

六、部分结构性产品期限在 90 天以内

《理财新规》第四十三条规定，商业银行发行的封闭式理财产品的期限不得低于 90 天。但从调研结果来看，无论发行对象是普通投资者还是私人银行客户，均有相当比例的结构性产品投资期限在 90 天以内，在后续产品发行中需要对此进行调整。

第四节　其他值得关注的问题

一、投资过程不够透明，不利于投资者进行理性投资

结构性产品的投资过程，尤其是衍生品投资与金融消费者的最终收益密切相关，这也是结构性产品的特色所在。在各家商业银行提交的信息采集表中，本书设计了投资资产范围及比例、收益率测算依据及实现概率、衍生品投资资金来源、衍生品投资占比、衍生品投资渠道、是否进行委外投资等有关投资过程的问题，各家商业银行对此内容基本没有填写；课题组进一步查阅产品说明书，发现相关内容缺失或表述含糊。

此外，结构性产品在产品提前终止、银行提前赎回、到期收益率等方面的信息披露还不够充分。

而对金融消费者的调研显示，上述投资过程的信息恰恰是金融消费者最为关心的，结构性产品的投资过程不够透明会让投资者产生衍生品投资是否真实、挂钩收益是否真实存在、预期收益是否可信等疑问。随着非保本型结构性产品的增加，投资者对上述信息的关注程度还会有所提升。信息披露不充分不利于金融投资者充分了解计划投资的产品，从而无法做出理性投资选择。

二、银行内部风险评级无法反映结构性产品的特性，标准不统一

商业银行结构性产品属于复合型金融工具，到期收益通过固定收益工具与各类衍生金融工具组合而成，是一类产品特征和收

益结构较为复杂的金融产品。大多数投资者对结构性产品的复杂性及风险认知都不充分，而金融机构在产品设计、风险管理和信息披露等方面均占据主导优势。因而，结构性产品发行银行采取一定措施，确保投资者适当性是非常必要的。但调研的结果显示，大多数银行对结构性产品采用的风险评级方法与其他理财产品并无不同，没有依据结构性产品的特性，进行专项的风险评估。

此外，商业银行实地访谈的结果也显示，商业银行内部风险评级缺乏可比性。即使是同一风险评级，不同银行也不具有可比性。一方面，不同银行间（中外资银行间）内部风险评级方式不同。例如，同样是保证收益型结构性产品，A09 和 B02 的风险评级都是 1 级风险，即低风险，而 B09 的两款保证收益型结构性产品，银行内部风险评级为 2 级风险，即低至中度风险。另一方面，在同一银行内部，不同类型的结构性产品风险评级却相同。例如，B09 风险评级都是 2 级低至中度风险的产品中，既有保证收益型结构性产品，又有保本浮动收益型结构性产品，同一风险评级，涵盖产品范围较大。

第八章 主要建议

第一节　明确对结构性存款的具体管理要求

从《理财新规》的相关规定来看，现有保本型结构性产品将按照结构性存款进行管理，但按照理财产品进行销售管理，非保本型结构性产品将作为理财产品受到《理财新规》的约束。从本书调研的结果来看，各家商业银行对结构性存款和结构性理财的分类和管理还存在较大差异，尤其是在保本型结构性产品向结构性存款转变的过程中还有一系列的问题需要进一步解决。

一、结构性存款宜保本且不收取费用

本书调研的结果显示，现已发行的结构性存款中，存在不保证本金和收取管理费及销售费的情形。《理财新规》明确规定现有保本型结构性产品将按照结构性存款进行管理，并未明确结构性存款是否可以不保本金等问题。在实践中，各家银行操作均不同。

本书认为，保本金并且不收取费用更符合普通投资者对"存款"的预期，因此，结构性存款应该100%的保证本金，商业银行需通过提高自身的投资能力和衍生品市场的议价能力获利，而不是直接收取一定比例的管理费和销售费，这样结构性存款才会更

像"存款"而非"理财"。

二、结构性存款的保障机制应该落实到位

《理财新规》规定，结构性存款应该纳入商业银行表内核算，按存款管理，纳入存款准备金和存款保险费的缴纳范围，相关资产应该按照国务院银行业监督管理机构的相关规定计提资本和拨备。当前各家商业银行的保本型结构性产品向结构性存款的转变仍在进行中，上述各项保障机制的落实进程参差不齐。

本书建议，结构性存款的说法一经启用（无论是出现在产品名称中，产品销售文件中，还是报备监管部门的文件中），各项保障机制就应该同步落实到位，结构性存款应该实至名归。

三、结构性存款的衍生品投资信息披露要求应该与理财产品接近

《理财新规》第七十五条规定，结构性存款按照理财产品进行销售管理，但未明确是否按照理财产品进行信息披露。在实践中，各家商业银行信息披露的内容和程度差异较大。

本书认为，结构性存款的本金部分由银行统一进行资产负债管理，无须进行更多的信息披露，但由于结构性存款具有衍生品交易部分，相比于普通存款存在更大的收益不确定性，而这种不确定性与理财产品更为接近。

因此，为保护金融消费者的知情权，本书建议结构性存款衍生品投资的信息披露要求应该与理财产品接近。从信息披露的形式来看，应该具有可在全国银行业理财信息登记系统进行查询的产品登记编码，在相关银行官方网站或者按照与投资者约定的方式，提供销售文件和各类公告。从信息披露的内容来看，应该对

衍生品的投资过程、交易对手和估值方法等信息进行披露。

第二节　增强结构性产品的估值能力

一、加强结构性产品的收益测算

结构性产品收益的不确定性主要取决于其投资衍生品部分，通常的条款设计是理财产品挂钩某个标的，并依据标的的表现来设定理财产品的预期收益率或收益率区间。但在衍生品的投资过程中，投资收益率及未来提供给投资者的期望收益率是不透明的。作为结构性产品的投资者，他们只关心条款中挂钩标的的表现，通过对历史数据的模拟分析来判断未来实现不同收益率的可能性（外部收益测算），而对于商业银行的资金管理者，他们不仅需要设计单一或多种衍生产品的投资策略，还需要考虑根据衍生品标的指数的变化进行预测，以确定衍生品投资的方向和杠杆的倍数，并模拟分析期权未来的价值分布（内部收益测算）。因此，对于结构性产品收益率的估算，外部设定主要是通过预测挂钩标的价格的表现来设定；而内部设定主要利用金融工程技术结合标的指数的表现来优化期权投资策略从而进行设定，当外部设定和内部设定的匹配度较高时，结构性产品的估值是相对有效的。

对于结构性产品的收益率实现概率，主要取决于产品的评级评价和运作的透明度，但目前理财产品缺乏第三方评级评价。在英国，可以借鉴英国财务会计师公会（Institute of Financial Accountants，IFA）借助第三方评价机构（Future Value Consultants，FVC）的评价结果展示结构性产品的收益和风险，但由于缺乏对手方交易的数据，在国内进行第三方评级评价不太可行。因此，对于产品收益率实现概率的评价，外部设定可以根据标的的市场表现来进行动态预测，内部设定主要取决于衍生产品的投资策略和预期投资收益，相比较而言，内部预测的准确性更加有效一些。

二、建立并实施结构性产品压力测试制度

在结构性产品的压力测试方面，若商业银行只将其作为衍生产品的单向期权多头进行测试，则最大损失为期权费用，结构性产品的最低收益仍可保障；但若商业银行进行的是复合期权交易，则可能面临着风险敞口，而使期权投资结果面临不确定性的概率增加。因此，结构性产品的压力测试主要是针对衍生产品投资策略和未来潜在收益进行的测试分析。

本书建议，政府金融管理部门应该对结构性产品的压力测试制度进一步明确和规范，并强化、监督商业银行有效实施。

三、关注结构性产品向净值型转化过程中可能出现的问题

在结构性产品向净值型转变的过程中，由于信息的相对充分，产品估值的效率会得到提高。但考虑到衍生产品部分跨期投机或套保，结构性产品向净值型转变可能导致净值型产品的信息失真，对此应该给予充分关注。

第三节　加强结构性产品的
投资者适当性管理

《理财新规》第二十六条明确提出"商业银行销售理财产品，应当加强投资者适当性管理"，目前大多数商业银行采用的方式是将投资者风险承受能力的评估结果与理财产品的风险评级结果进行匹配，没有体现出结构性产品的特性，本书认为应该从结构性产品投资者风险承受能力的评估、结构性产品风险的评级和投资冷静期三个方面加强结构性产品的投资者适当性管理。

一、投资者风险承受能力评估应考虑投资者的多样化投资需求

目前大多数商业银行理财产品的投资者风险承受能力的评估主要考虑投资者对不同程度本金损失的接受情况。但事实上，投资者对任何一项投资都会在安全性、收益性和流动性三方面进行权衡，因而产生多样化的投资需求。

本书建议，提倡和推广某些外资银行在对投资者风险承受能力评估方面的做法。例如，B07某系列结构性产品在对客户进行风险承受能力评估时，同时考虑客户对价值损失和资金流动性的接受程度；B14某系列结构性产品在对客户进行风险承受能力分级时，同时考虑客户对本金损失和期望收益的接受程度。

二、除产品风险评级外还应考虑结构性产品的特有风险

2011 年中国银行业监督管理委员会发布的《商业银行理财产品销售管理办法》和 2018 年中国银行保险监督管理委员会发布的《理财新规》均对商业银行理财产品风险评级提出了原则性的监管要求，理财产品风险评级结果以风险等级体现，由低到高至少包括五个等级，并可根据实际情况进一步细分。目前，各家商业银行自主对其销售的理财产品进行风险评级，不同商业银行同一风险等级的产品风险水平是有所差异的，不具有可比性。在同一商业银行内，结构性产品与普通理财产品的风险评级标准一样，没有考虑结构性产品的特性。

为增强投资者对结构性产品特有风险的认知，本书建议，除产品风险评级外，还应在产品说明书或其他销售文件中以显著方式说明结构性产品的如下特有风险：

第一，衍生品交易对手的违约风险。相比较于普通理财产品，结构性产品的投资者不仅面临着产品发行银行的信用风险，同时还面临衍生品交易对手的违约风险，目前大多数结构性产品对后者的风险提示不足。

第二，触发条件成立，产品提前到期而导致的再投资风险。有些结构性产品带有触发条件，一旦条件成立，产品即提前到期，实际获取收益的期限可能远低于投资者预期的投资期限，投资者面临再投资风险。

第三，对挂钩标的的市场表现认知不足而面临的市场风险。与大多数封闭型理财产品的单一预期收益率不同，结构性产品具有一个预期收益率区间，只有投资者选择了交易结构合适的产品，并且挂钩标的的实际市场表现与投资者预期一致，才能获得较高的预期收益率，否则实际收益可能远低于普通理财产品。

三、长期结构性产品宜设置投资"冷静期"

2018 年 9 月发布的《商业银行理财产品销售管理要求》提出，商业银行应该在私募理财产品的销售文件中约定不少于二十四小时的投资冷静期，并载明投资者在投资冷静期内的权利。在投资冷静期内，如果投资者改变决定，商业银行应该遵从投资者意愿，解除已签订的销售文件，并及时退还投资者的全部投资款项。这是我国商业银行理财产品首次引入"冷静期"的概念，但仅适用于私募理财产品，结构性产品大多是公募产品，因此并不适用。

在英国和中国香港地区，2008 年金融危机的爆发凸显了结构性产品的风险，此后，监管部门特别提出了针对一年期以上结构性产品的"冷静期"要求。在我国，一年期以上的人身保险产品中也普遍采用设置"犹豫期"（与冷静期作用相同）的方法加强金融消费者适当性管理。

《理财新规》实施后，理财产品的投资期限将不得低于 90 天。在课题组的实地访谈中，多家商业银行表示随着我国人口老龄化的加剧、市场环境和投资者理念的日益成熟，长期理财产品将受到更多投资者的青睐。考虑到结构性产品的交易特性和风险特征，本书建议对长期结构性产品设置冷静期，给予投资者"反悔"的机会，以加强投资者适当性管理。